ALGORITHMEN

PRAKTISCHER LEITFADEN ZUM ERLERNEN VON ALGORITHMEN FÜR ANFÄNGER

Andy Vickler

Inhaltsübersicht

Einführung

Wenn Sie in die Welt des Programmierens und der Programmierung einsteigen wollen, müssen Sie die Grundlagen verstehen. Mit geringen Programmierkenntnissen können Sie keine komplexen Programme oder Produkte entwickeln. Die Grundlage eines jeden Computerprogramms ist ein Algorithmus. Wenn Sie effizienten und effektiven Code schreiben wollen, müssen Sie zuerst Algorithmen schreiben, und dazu müssen Sie verstehen, was ein Algorithmus ist. Nur so können Sie das richtige Programm entwickeln.

Wenn Sie sich nicht sicher sind, was ein Algorithmus ist, oder wenn Sie die Grundlagen wieder lernen wollen, sind Sie hier genau richtig. In diesem Buch finden Sie alle Informationen, die Sie brauchen, um Algorithmen zu verstehen und zu verstehen, wie sie zur Entwicklung von gutem Code oder Programmen verwendet werden können. Sie müssen den richtigen Algorithmus entwickeln, vor allem, wenn Sie den perfekten Code schreiben wollen. Ein Algorithmus ist eine Reihe von Regeln oder Anweisungen, die einer Maschine oder einem Computer den Prozess vorgeben, dem er folgen soll, um das gewünschte Ergebnis zu erzielen.

Im Laufe des Buches lernen Sie die verschiedenen Arten von Algorithmen kennen und erfahren, wie sie zur Lösung einer Vielzahl von Problemen eingesetzt werden können. Das Buch führt Sie auch in einige Programmierkonzepte ein, die Sie verstehen müssen, um sicherzustellen, dass Sie den richtigen Code entwickeln, sobald Sie einen Algorithmus erstellt haben. Da Algorithmen die Grundlage für jeden Code bilden, den Sie schreiben, ist es auch wichtig, bestimmte Anweisungen zur Behandlung verschiedener Fehlertypen einzubauen. Sie werden lernen, wie Sie dies tun und welche Codezeilen Sie einfügen müssen, um Fehler im Code zu behandeln.

Das Buch behandelt einige der gebräuchlichsten Algorithmen, darunter Suchen, Sortieren, Schleifen, Entscheidungsanweisungen und mehr. Es enthält auch einige Beispiele und Programme, die es Ihnen leichter machen, einen Algorithmus in ein Programm umzuwandeln, wenn Sie es brauchen. Es ist wichtig zu verstehen, dass Sie kein Experte im Programmieren werden können, wenn Sie die Grundlagen nicht verstehen. Nutzen Sie daher die Informationen in diesem Buch, um Ihr Verständnis von Programmierung zu verbessern, und üben Sie so oft wie möglich, damit Sie das Schreiben von Algorithmen und Programmen beherrschen.

Vielen Dank, dass Sie das Buch gekauft haben. Ich hoffe, das Buch enthält alle Informationen, die Sie suchen.

Erstes Kapitel

Einführung in Algorithmen

Ein Programmierer muss wissen, was ein Algorithmus ist, damit er weiß, wie er ihn zum Schreiben von Code verwenden kann. Ein Algorithmus ist ein Satz von Regeln, Anweisungen oder Prozessen, denen eine Maschine oder ein System folgen sollte, um ein Problem zu lösen. Er kann die Art der zu verwendenden Operationen und die zu deklarierenden Variablen enthalten. Mit einfachen Worten: Ein Algorithmus ist eine Reihe von Regeln, die die Schritte festlegen, die ausgeführt werden müssen, um die gewünschten Ergebnisse zu erzielen.

Jedes Rezept, das Sie befolgen, ist ein Algorithmus. Wenn Sie ein neues Gericht ausprobieren wollen, lesen Sie die Anleitung oder die angegebenen Schritte. Nur so können Sie das perfekte Gericht zubereiten. Es ist auch wichtig, die Anweisungen genau zu befolgen. Ein Algorithmus sorgt dafür, dass ein System eine Aufgabe ausführt, so dass der Benutzer das erwartete Ergebnis erhält. Algorithmen sind sehr einfache Anweisungen, und man kann sie in jeder Programmiersprache implementieren, solange man die Syntax versteht. Das Ergebnis wird dasselbe sein.

Verbindung zwischen Algorithmen und Informatik

Wenn Sie möchten, dass der Computer eine bestimmte Aufgabe erledigt, müssen Sie ein Programm schreiben. Mit diesem Programm können Sie dem Computer genau sagen, was er tun muss, damit Sie die gewünschte Ausgabe erhalten. Stellen Sie sicher, dass die Schritte klar definiert sind. Der Computer wird diese Schritte befolgen und das Endergebnis erreichen. Stellen Sie sicher, dass Sie die richtigen Eingabevariablen und Informationen für den Computer auswählen, damit Sie die richtige Ausgabe erhalten. Algorithmen sind der beste Weg, um eine Aufgabe zu erledigen.

Merkmale eines Algorithmus

Fahren wir mit dem Beispiel eines Rezepts fort. Wenn Sie etwas Neues zubereiten wollen, müssen Sie zahlreiche Anweisungen befolgen. Sie werden Ihr Bestes tun, um sich an das Rezept zu halten, aber Sie können improvisieren, wenn Sie eine bestimmte Zutat nicht haben. Genauso kann man ein Programm nicht in einen Algorithmus umwandeln, da nicht jede Anweisung Teil eines Algorithmus ist. Unabhängig davon, wie Sie einen Algorithmus schreiben, wird er die folgenden Merkmale aufweisen:

Durchführbar

Die Algorithmen sollten einfach, generisch und praktisch sein. Stellen Sie sicher, dass jede Programmiersprache diesen Algorithmus auf der Grundlage der ihr zur Verfügung stehenden Ressourcen ausführen kann. Schreiben Sie keinen Algorithmus, ohne zu wissen, wie man ihn in einer Programmiersprache kodiert.

Stattdessen muss er auf der Grundlage der relevanten Informationen über seine Verwendung geschrieben werden.

Endliche

Jeder Algorithmus, den Sie schreiben, sollte endlich sein. Wenn Sie Schleifen oder eine andere Funktion verwenden, stellen Sie sicher, dass der Algorithmus endet. Verwenden Sie keine unendlichen oder zirkulären Verweise, die den Algorithmus ununterbrochen laufen lassen könnten.

Keine Abhängigkeit von der Sprache

Kein Algorithmus sollte von einer Programmiersprache abhängig sein. Die Anweisungen sollten präzise und einfach sein. Stellen Sie sicher, dass Sie Ihren Algorithmus in einer beliebigen Programmiersprache schreiben können. Wie bereits erwähnt, wird das Ergebnis dasselbe sein.

Unzweideutigkeit

Jeder Algorithmus, den Sie schreiben, sollte klar und eindeutig sein. Jeder Schritt sollte klar sein und nur eine Sache bedeuten. Der Compiler sollte nie die Möglichkeit haben, sich zwei oder drei verschiedene Möglichkeiten für die Ausführung eines bestimmten Schritts auszudenken. Jede Anweisung muss in jeder Hinsicht eindeutig sein.

Gut definierte Eingaben

Wenn Sie ein neues Gericht zubereiten, sollten Sie sich die entsprechenden Zutaten ansehen und sich vergewissern, dass sie genau die sind, die Sie für die Zubereitung des Gerichts benötigen.

Das Gleiche gilt für die Eingaben, die Sie beim Schreiben eines Algorithmus machen.

Gut definierte Ausgaben

Wenn Sie die Anweisungen eines Rezepts genau befolgen, wird Ihr Gericht genau das sein, was Sie sich vorgenommen haben. Vergewissern Sie sich, dass der Algorithmus, den Sie schreiben, die Art der Ausgabe, die Sie erhalten möchten, klar definiert. Das bedeutet, dass Sie auch die Ausgabe klar definieren müssen.

Entwurf eines Algorithmus

Bevor Sie einen Algorithmus schreiben, sollten Sie sich die folgenden Fragen stellen:

- Welche Eingaben wollen Sie für den Algorithmus verwenden?

- Welche Zwänge müssen Sie bei der Lösung dieses Problems berücksichtigen?

- Was ist das gewünschte oder erwartete Ergebnis?

- Welches Problem versuchen Sie mit diesem Algorithmus zu lösen?

- Wie lautet die Lösung des Problems auf der Grundlage der Zwänge?

Diese Fragen machen es Ihnen leichter, die richtige Ausgabe zu erzeugen. Sie helfen Ihnen, klar zu denken, damit Sie einen effektiven Algorithmus schreiben können. Schauen wir uns jetzt ein

Beispiel an, bei dem wir versuchen, drei Zahlen zu multiplizieren und das Produkt dieser Zahlen zu drucken.

Schritt eins: Identifizierung der Problemstellung

Es ist wichtig, die obigen Fragen zu beantworten, bevor man einen Algorithmus schreibt. Nehmen wir an, wir wollen einen Algorithmus schreiben, der drei Zahlen multipliziert und das Ergebnis berechnet. Die Problemstellung lautet also, das Produkt von drei Zahlen zu berechnen.

Danach müssen Sie die gewünschte Ausgabe, die Beschränkungen, die gewünschten Eingaben und die Lösung des Problems festlegen. Eine der Einschränkungen, die Sie hinzufügen müssen, ist, dass der Benutzer nur Zahlen eingeben darf, um das Produkt zu berechnen. Das bedeutet, dass die Eingabe drei Zahlen sein muss und die Ausgabe das Produkt dieser drei Zahlen sein sollte. Die Lösung besteht darin, den Multiplikationsoperator '*' zu verwenden, um das Produkt der als Eingabe eingegebenen Zahlen zu berechnen.

Schritt zwei: Entwurf des Algorithmus

Als Nächstes müssen Sie den Algorithmus unter Verwendung der im obigen Schritt ermittelten Informationen entwerfen.

1. Beginn des Algorithmus

2. Deklarieren und initialisieren Sie die Variablen y und z

3. Weisen Sie diesen Variablen nun Werte zu. Stellen Sie sicher, dass Sie den ersten Wert x, den zweiten Wert y und den dritten Wert z zuweisen

4. Deklarieren und initialisieren Sie die Ausgangsvariable, um das Produkt der Eingangsvariablen zu speichern

5. Multiplizieren Sie nun die Variablen und speichern Sie das Produkt in der im vorherigen Schritt deklarierten Ausgangsvariablen

6. Drucken Sie den Ausgabewert

7. Beenden Sie den Algorithmus

Dritter Schritt: Testen Sie den Algorithmus

Verwenden Sie nun eine beliebige Programmiersprache, um diesen Algorithmus zu schreiben und die Funktion des Algorithmus zu testen.

Wie man den besten Algorithmus identifiziert

Sie können einen Algorithmus anhand der folgenden Kriterien auswählen:

- Genauigkeit des Algorithmus, um sicherzustellen, dass Sie das erwartete Ergebnis erhalten, unabhängig davon, wie oft Sie den Algorithmus verwenden. Ein falscher Algorithmus liefert entweder ein falsches Ergebnis oder verwendet nicht alle Eingabeinstanzen

- Identifizieren Sie die verschiedenen Beschränkungen, die Sie bei der Entwicklung des Algorithmus berücksichtigen müssen

- Definieren Sie die Effizienz des Algorithmus auf der Grundlage der Reihenfolge der Eingaben, die Sie verwenden werden, um die erwartete Ausgabe zu erhalten

- Bewertung und Verständnis der Computerarchitektur und der Geräte, die zur Ausführung des Algorithmus verwendet werden

Das Verständnis des grundlegenden Algorithmus, der das Leben digital antreibt

Algorithmen weisen die Maschine an, eine Reihe von Anweisungen auszuführen, um die Lösung zu erhalten. Diese Algorithmen sind die Grundlage der gesamten Technologie. Der Algorithmus kann zur Lösung jeder Art von Problem verwendet werden, z. B. zur Komprimierung einer Datei, zur Ermittlung der Seiten im Internet, die für Ihre Suche am relevantesten sind, oder zur Sortierung einer Liste. Mit einem Algorithmus lässt sich bestimmen, wie eine Ampel funktionieren soll, wie die Post oder ein anderer Kurierdienst die Post zustellen kann und vieles mehr.

In der heutigen Zeit muss ein Kind mehr lernen als nur den Umgang mit der Technik. Sie müssen die verschiedenen Algorithmen erforschen, die den Fernseher zu Hause oder ihre Telefone antreiben. Sie sollten auch mehr über die Algorithmen lernen, die auf verschiedenen Social-Media-Websites verwendet werden. So können sie ihre Programmierfähigkeiten verbessern und an der Entwicklung neuer Technologien arbeiten.

Vorteile des algorithmischen Denkens

Es ist äußerst wichtig, mehr über Algorithmen zu lernen, vor allem wenn man Code zur Lösung schwieriger mathematischer und wissenschaftlicher Probleme schreibt. Sie können jedes wissenschaftliche oder mathematische Problem lösen, wenn Sie klar denken. Diese Art des Denkens wird als algorithmisches Denken bezeichnet. Sie haben vielleicht schon viele Probleme mit algorithmischem Denken gelöst. Wenn du zum Beispiel versuchst, zwei Zahlen zu addieren, denkst du über den Wert der ersten Zahl und den Wert der zweiten Zahl nach. Dann überlegst du, wo du die Summe der beiden Zahlen speichern kannst und wie du diese Zahlen addieren kannst. Dies ist ein sehr einfaches Beispiel für algorithmisches Denken.

Ein anderes Beispiel ist die Lösung eines Problems der langen Division. Sie wenden den Algorithmus an, um jede Ziffer der Zahl durch einen Divisor zu teilen. Für jede Ziffer der zu teilenden Zahl sollten Sie multiplizieren, subtrahieren und dividieren. Durch algorithmisches Denken wird es einfacher, ein Problem in kleinere Probleme zu zerlegen. Sie suchen auch nach Lösungen, die sich auf die Art des Problems beziehen, das Sie betrachten.

Programmieren ist eine Kunst, und es ist wichtig, dies zu lernen, da es das Denkvermögen verbessert. Schauen Sie sich verschiedene Übungen und Rätsel an, die Ihnen helfen können, Ihre Denkweise zu verbessern. Wählen Sie jene Übungen und Rätsel, die Ihnen ein besseres Verständnis für bedingte Logik, Sequenzierung und Wiederholung vermitteln.

Sie können Ihren eigenen Algorithmus schreiben

Wenn Sie eine lange Morgenroutine haben, können Sie eine einfachere Aufgabe für sich selbst erstellen. Setzen Sie sich in dem Algorithmus kleine Ziele und vergessen Sie alle zusätzlichen Aufgaben, die Sie vielleicht erledigen müssen. Sie werden bald einige wichtige Konzepte von Algorithmen kennenlernen, wie z. B. Wiederholung (viermal die unterste Zahnreihe putzen), Reihenfolge (das Müsli in eine Schüssel geben und dann die Milch einfüllen) und bedingte Logik (nicht essen, wenn die Schüssel leer ist).

Wenn Sie sich beim Schreiben von Algorithmen verbessern wollen, sollten Sie sich selbst ein paar zusätzliche Herausforderungen stellen. Ein Computer versteht die Absichten, die hinter Ihren Anweisungen stehen, nur, wenn Sie sie ausdrücklich erwähnen. Sie bringen Ihrem Kind zum Beispiel bei, erst dann Milch in die Müslischale zu geben, wenn Sie die Schale mit Milch vor ihm abstellen. Wenn Sie das nicht tun, wird die Milch auf dem ganzen Tisch verteilt sein. Das Gleiche gilt für Maschinen - wenn Ihre Anweisungen nicht klar sind, werden Sie nie das gewünschte Ergebnis erzielen.

In deinem Rechenunterricht hast du etwas über Primzahlen gelernt und wie man feststellt, ob eine Zahl eine Primzahl ist. Können Sie dies mit einer Zahl wie 123459734 tun? Nein, es sei denn, Sie führen mehrere Berechnungen durch. Es wird einfacher, ein Programm laufen zu lassen, das dies für Sie erledigt, aber der Code wird nur funktionieren, wenn Ihr Algorithmus richtig ist.

Pro und Kontra

Die meisten Programmierer verwenden Algorithmen, um ihren Ansatz für ein Problem zu entwerfen, bevor sie den Code schreiben. Ein Algorithmus hat seine Vorteile, aber es gibt auch viele Nachteile bei der Verwendung von Algorithmen. In diesem Abschnitt werden einige der Vor- und Nachteile von Algorithmen betrachtet.

Profis

1. Algorithmen ermöglichen es, das Problem in kleinere Segmente aufzuteilen oder zu zerlegen, was es für einen Entwickler oder Programmierer einfacher macht, diesen Algorithmus in Form eines Programms zu schreiben, je nachdem, welche Art von Programmiersprache Sie verwenden möchten

2. Das Verfahren ist präzise und eindeutig

3. Ein Algorithmus ist eine schrittweise Darstellung der Lösung für ein beliebiges Problem. Das bedeutet, dass ein Algorithmus für jeden leicht zu verstehen ist

4. Ein Algorithmus ist leicht zu verstehen, und daher ist es für Sie einfacher, Fehler im Code auf der Grundlage des von Ihnen geschriebenen Algorithmus zu erkennen.

5. Wie bereits erwähnt, sind Algorithmen nicht von der Art der verwendeten Programmiersprache abhängig. Das bedeutet, dass sie für jeden leicht zu verstehen sind, auch wenn er keine Programmierkenntnisse hat.

Nachteile

1. Sie können einen Algorithmus nicht verwenden, um ein großes Programm zu erklären oder darzustellen.

2. Da Algorithmen keine Computerprogramme sind, müssen Sie zusätzliche Anstrengungen unternehmen, um ein Computerprogramm zu entwickeln.

3. Das Schreiben komplexer Algorithmen wird viel Zeit in Anspruch nehmen.

Zweites Kapitel

Arten von Algorithmen

Dieses Kapitel befasst sich mit einigen Arten von Algorithmen und wie sie beim Schreiben von Code verwendet werden können. Zu den Arten von Algorithmen gehören:

1. Backtracking-Algorithmus

2. Brute-Force-Algorithmus

3. Algorithmus zur Aufteilung und Eroberung

4. Algorithmus für dynamische Programmierung

5. Greedy-Algorithmus

6. Randomisierter Algorithmus

7. Einfacher rekursiver Algorithmus

Backtracking-Algorithmus

Ein Backtracking-Algorithmus ist nicht sehr einfach zu verwenden, aber man kann ein Programm leicht schreiben, wenn man das Konzept versteht. Lassen Sie uns diesen Algorithmus anhand des folgenden Beispiels verstehen. Nehmen wir an, wir haben ein Problem. Nun teilen Sie dieses Problem in sechs kleinere Probleme auf. Versuchen Sie zuerst, die kleineren Probleme zu lösen. Es mag den Anschein haben, dass diese kleineren Lösungen das größere Problem nicht lösen werden. Was soll ich also in diesem Fall tun?

Schauen Sie sich die Teilprobleme an, um festzustellen, von welchem Teilproblem das Hauptproblem abhängt. Wenn Sie dies getan haben, können Sie die Lösung für das größere Problem ermitteln. Das Ziel dieses Algorithmus ist es, das Problem von Anfang an zu betrachten, wenn man das Hauptproblem nicht lösen kann. Wenn Sie mit dem ersten Teilproblem beginnen und keine Lösung finden, gehen Sie zurück und beginnen Sie von vorne. Versuchen Sie, eine Lösung für das Problem zu finden.

Ein klassisches Beispiel für diesen Algorithmus ist das N-Damen-Problem. Bei diesem Problem geht es darum, einen Weg zu finden, die maximale Anzahl von Damen auf einem Schachbrett zu addieren und sicherzustellen, dass keine Dame eine andere auf diesem Brett angreifen kann. Um dies besser zu verstehen, schauen wir uns dieses Beispiel mit vier Damen an.

Wenn Sie vier Königinnen verwenden, wird Ihre Ausgabe eine binäre Matrix sein. Sie wird die Position der Dame auf dem Schachbrett darstellen. Wir wollen die Position mit 1en darstellen. Die Ausgabematrix könnte für 4 Damen wie folgt aussehen:

```
{ 0, 0, 0, 1}
{ 0, 0, 1, 0}
{ 0, 1, 0, 0}
{ 1, 0, 0, 0}
```

Das Ziel dieser Aufgabe ist es, eine Dame in verschiedenen Spalten zu platzieren. Anhand der Ausgabe wissen Sie, dass Sie mit der Spalte ganz links auf dem Schachbrett beginnen sollten. Wenn Sie die Dame in einer Spalte platzieren, müssen Sie prüfen, ob die Position mit anderen Damen auf dem Brett kollidieren wird. Wenn du eine Position findest, die nicht mit der Position der anderen Damen kollidiert, kannst du diese Reihe und Spalte als Lösung markieren. Wenn du die richtige Position nicht findest, solltest du zum Anfang zurückgehen und neu beginnen.

Sie können den Algorithmus auf folgende Weise schreiben:

1. Setzen Sie die Dame auf die Spalte ganz links auf dem Schachbrett.

2. Wenn Sie die Damen so auf dem Schachbrett platzieren können, dass sich keine zwei Damen gegenseitig angreifen können, geben Sie den Wert als true zurück

3. Sie müssen jede Reihe des Schachbretts überprüfen und ausprobieren und die folgenden Tätigkeiten ausführen:

   a. Wenn Sie eine Dame in einer Reihe platzieren und sicherstellen, dass es keine Überschneidungen zwischen den Damen auf dem Brett gibt, schreiben Sie die Zeilen- und Spaltennummer in eine Lösungsmatrix. Versuchen Sie, mit Hilfe dieser Matrix eine Lösung zu finden

b. Wenn Sie eine Dame an die Stelle setzen, an der Sie eine Lösung erhalten, können Sie den Algorithmus als wahr zurückgeben

c. Andernfalls sollten Sie die Zeilen- und Spaltennummer aus der Lösungsmatrix entfernen und eine neue Kombination finden

4. Wenn Sie alle Zeilen ausprobiert haben und nichts funktioniert, geben Sie false zurück und gehen Sie zurück zum ersten Schritt.

Brute-Force-Algorithmus

Wenn Sie diesen Algorithmus verwenden, müssen Sie sich alle möglichen Lösungen ansehen, bis Sie die optimale Lösung für ein Problem gefunden haben. Diese Art von Algorithmus wird verwendet, um die beste Lösung zu finden, sobald er alle optimalen Lösungen für ein Problem überprüft hat. Wenn Sie eine Lösung für das Problem finden, können Sie den Algorithmus in diesem Moment anhalten und die Lösung für dieses Problem finden. Ein klassisches Beispiel für diesen Algorithmus ist der Algorithmus zum exakten Abgleich von Zeichenketten, bei dem versucht wird, eine Zeichenkette in einem Text zu finden.

Algorithmus "Teilen und Erobern

Wie der Name schon sagt, unterteilt der Divide-and-Conquer-Algorithmus das Problem in zahlreiche Teilprobleme. Anschließend müssen Sie eine rekursive Funktion verwenden, um diese

Teilprobleme zu lösen und die erhaltenen Lösungen zu kombinieren, um die Lösung des Hauptproblems zu erhalten. Merge- und Quick-Sort-Algorithmen sind Beispiele für diesen Divide-and-Conquer-Algorithmus. Wir werden uns diese Beispiele später in diesem Buch im Detail ansehen.

Die Verwendung des Divide-and-Conquer-Algorithmus bietet Ihnen die Möglichkeit, mehrere Teilprobleme gleichzeitig zu lösen, indem Sie die Parallelität nutzen. Dies ist möglich, da die Teilprobleme unabhängig voneinander sind. Das bedeutet, dass jeder Algorithmus, den Sie mit der Divide-and-Conquer-Technik entwickeln, auf verschiedenen Prozessen und Maschinen gleichzeitig laufen kann. Diese Algorithmen verwenden Rekursionen, und aus diesem Grund ist die Speicherverwaltung von größter Bedeutung.

Algorithmus für dynamische Programmierung

Der Algorithmus der dynamischen Programmierung, auch dynamischer Optimierungsalgorithmus genannt, verwendet die Informationen aus der Vergangenheit, um die neue Lösung zu definieren. Mit diesem Algorithmus ist es einfacher, ein komplexes Problem in kleinere Teilprobleme zu zerlegen. Die kleineren Probleme lassen sich mit dem Algorithmus leichter lösen. Sie können diese Ergebnisse zur Lösung des eigentlichen Problems verwenden. Die Ergebnisse der Teilprobleme werden in anderen Variablen gespeichert. Dadurch verringert sich die Laufzeit des Algorithmus. Betrachten Sie das folgende Beispiel eines Pseudocodes, der verwendet wird, um die Fibonacci-Reihe als Ergebnis zu erhalten.

```
Fibonacci (x)
```

```
Wenn x = 0
      Rückgabe 0
Sonst
      Vorherige_Fibonacci =0,
Aktuelle_Fibonacci = 1
      n-1 Mal wiederholen
      Nächste_Fibonacci =
Vorherige_Fibonacci + Aktuelle_Fibonacci
      Vorherige_Fibonacci =
Aktuelle_Fibonacci
      Aktuelle_Fibonacci = Neue_Fibonacci
Rückgabe Current_Fibonacci
```

Im obigen Beispiel wird der Basiswert im Code auf Null gesetzt. Dieses Problem ist in verschiedene Teilprobleme unterteilt, und Sie können die Werte oder die Ergebnisse dieser Teilprobleme in anderen Variablen speichern. Verwenden Sie dazu den folgenden Ansatz:

1. Identifizieren Sie die Lösung des Problems und definieren Sie die Struktur der Lösung, die Sie entwerfen wollen

2. Verwenden Sie die Rekursion, um die Lösung zu definieren

3. Ermitteln Sie den Wert der Lösung nach dem Bottom-up-Verfahren.

4. Entwickeln Sie anhand der Ergebnisse oder Informationen aus der Berechnung die optimale Lösung

Gieriger Algorithmus

Mit dem Greedy-Algorithmus wird es einfacher, das Problem in kleinere Probleme zu unterteilen und die richtige Lösung für diese Teilprobleme zu finden. Anschließend wird versucht, die optimale Lösung für das Hauptproblem zu finden. Erwarten Sie jedoch nicht, dass Sie mit diesem Algorithmus die optimale Lösung für ein Problem finden. Einige Beispiele für diesen Algorithmus sind das Huffman-Kodierungsproblem und das Zählen von Geld.

Betrachten wir das erste Beispiel. Bei der Huffman-Kodierung versucht man, Daten zu komprimieren, ohne dass Informationen aus der vorhandenen Menge verloren gehen. Das bedeutet, dass Sie zunächst den verschiedenen Eingabezeichen Werte zuordnen müssen. Wenn Sie eine Programmiersprache verwenden, um diesen Algorithmus nachzubilden, wird die Länge des Codes variieren, je nachdem, wie oft Sie die Eingabezeichen zur Lösung des Problems verwenden. Jedes Zeichen, das Sie verwenden, hat einen kleineren Code, aber die Länge des Codes hängt davon ab, wie oft Sie die Variable oder das Zeichen verwenden. Bei der Lösung dieser Aufgabe müssen Sie zwei Teile berücksichtigen:

1. Entwicklung und Erstellung des Huffman-Baums

2. Durchqueren des Baums, um die Lösung zu finden

Betrachten Sie die Zeichenfolge "YYYZXXYYZ". Wenn Sie die Anzahl der Zeichen in dieser Zeichenfolge zählen, ist das häufigste Zeichen "Y" und das Zeichen mit der geringsten Häufigkeit ist "Z". Wenn Sie den Code in einer beliebigen Programmiersprache schreiben, wird der Code für Y am kleinsten und für Z am größten sein. Die Komplexität der Zuweisung von Code für diese Zeichen hängt von der Häufigkeit dieses Zeichens ab.

Schauen wir uns nun die Eingangs- und Ausgangsvariablen an.

Eingabe: Für dieses Beispiel betrachten wir eine Zeichenkette, die verschiedene Zeichen enthält, z. B. "BCCBEBFFFFADCEFLLKLKKEEBFF".

Ausgabe: Wir wollen nun den Code für jedes dieser Zeichen zuordnen:

```
Daten: F, Frequenz: 7, Code: 01
Daten: L, Frequenz: 3, Code: 0001
Daten: K, Frequenz: 3, Code: 0000
Daten: C, Frequenz: 3, Code: 101
Daten: B, Frequenz: 4, Code: 100
Daten: D, Frequenz: 1, Code: 110
Daten: E, Frequenz: 4, Code: 001
```

Schauen wir uns nun an, wie Sie den Algorithmus zur Erstellung des Baums schreiben können:

1. Deklarieren und initialisieren Sie eine Zeichenkette, die verschiedene Zeichen enthält.

2. Weisen Sie den einzelnen Zeichen der Zeichenfolge Codes zu.

3. Erstellen Sie den Huffman-Baum.

   a. Definieren Sie jeden Knoten im Baum auf der Grundlage des Zeichens des Knotens, der Häufigkeit und des rechten und linken Kinds.

21

b. Erstellen Sie die Häufigkeitsliste und speichern Sie die Häufigkeit jedes Zeichens in dieser Liste. Die Häufigkeit sollte für die Zeichen auf Null gesetzt werden.

c. Für jedes Zeichen in der Zeichenkette wird die Häufigkeit in der Liste erhöht, wenn es vorhanden ist.

d. Beenden Sie die Schleife.

e. Ist die Häufigkeit ungleich Null, so wird das Zeichen dem Knoten des Baums hinzugefügt und dem Knoten die Priorität Q zugewiesen.

4. Wenn die Prioritätsliste Q nicht leer ist, wird das Element aus der Liste entfernt und dem linken Knoten zugewiesen. Andernfalls ordnen Sie es dem rechten Knoten zu.

5. Bewegen Sie sich über den Knoten, um den Code zu finden, der dem Zeichen zugeordnet ist.

6. Beenden Sie den Algorithmus.

Wenn Sie sich durch den Baum bewegen wollen, verwenden Sie die folgende Eingabe:

1. Der Huffman-Baum und der Knoten

2. Der dem Knoten zugewiesene Code

Bei der Ausgabe erhalten Sie das Zeichen und den diesem Zeichen zugewiesenen Code.

1. Wenn das linke Kind des Knotens ein Nullwert ist, wird das rechte Kind durchlaufen und der Code 1 zugewiesen

2. Wenn das linke Kind des Knotens kein Nullwert ist, wird dieses Kind durchlaufen und der Code Null zugewiesen

3. Anzeige der Zeichen mit ihrem aktuellen Code

Zufallsgesteuerter Algorithmus

Bei einem Zufallsalgorithmus wird eine Zufallszahl verwendet, um Entscheidungen zu treffen. Diese Entscheidungen werden verwendet, um einige Algorithmen zu lösen. Ein Beispiel für diese Art von Algorithmus ist der Quick-Sort-Algorithmus, den wir später in diesem Buch betrachten werden.

Einfacher rekursiver Algorithmus

Mit einem einfachen rekursiven Algorithmus können Sie verschiedene Probleme leicht lösen. Dieser Algorithmus wird oft zusammen mit anderen Algorithmen verwendet. Bei einem einfachen rekursiven Algorithmus wird bei jedem Start ein kleinerer Eingabewert verwendet. Bei dieser Art von Algorithmus müssen Sie einen Basiswert festlegen, der dem System anzeigt, dass der Algorithmus beendet werden muss. Ein einfacher rekursiver Algorithmus wird oft verwendet, um ein beliebiges Problem zu lösen, solange es in kleinere Teile oder Segmente unterteilt werden kann. Denken Sie daran, dass diese Segmente auch vom gleichen Typ sein sollten. Schauen wir uns an, wie Sie diesen Algorithmus verwenden können, um die Fakultät einer Zahl zu berechnen. Betrachten Sie den folgenden Pseudocode:

```
Faktoriell(Zahl)
Wenn die Zahl 0 ist
      Rückkehr 1
Sonst
      Rückgabe (Zahl*Faktorial(Zahl - 1)
```

Der im obigen Code verwendete Basiswert ist Null. Dies bedeutet, dass der Algorithmus nicht weiterarbeitet, wenn der Ausgabewert Null ist. Wenn Sie sich den letzten Abschnitt des Algorithmus ansehen, werden Sie feststellen, dass das Problem in kleinere Segmente aufgeteilt ist, um es zu lösen.

Drittes Kapitel

Beschreiben von Algorithmen

Es ist wichtig, Algorithmen effektiv zu beschreiben, denn nur so können Sie das Problem lösen. Im vorigen Kapitel haben wir uns verschiedene Algorithmen angesehen, die Sie in Betracht ziehen sollten, und wie Sie sie zur Lösung von Problemen einsetzen können. Die meisten Algorithmen, die wir im vorigen Kapitel besprochen haben, zerlegen das Problem in kleinere Segmente, was die Lösung des eigentlichen Problems erleichtert. Stellen Sie sicher, dass Sie den Algorithmus verwenden, der für Sie am besten geeignet ist. Dieser Algorithmus sollte auch nur minimale oder keine Änderungen an den Datenstrukturen des Programms erfordern. Wenn Sie beispielsweise den Bubble-Sort-Algorithmus verwenden, stellen Sie sicher, dass Sie die zu verwendenden Informationen in einem Array oder einer anderen Datenstruktur speichern. Sie sollten dann die Vergleichs- und Austauschoperationen verwenden, um die Daten zu aktualisieren. Wir werden den Bubble-Sort-Algorithmus später in diesem Buch noch genauer betrachten.

Wenn Sie Datenstrukturen verwenden möchten, sollten Sie die Struktur gut beschreiben, damit sie leichter zu erstellen ist. Mit dem

Merge-Sortieralgorithmus lassen sich beispielsweise Informationen in einem Datensatz schneller vergleichen als mit dem Quick-Sortieralgorithmus. Der Merge-Sortieralgorithmus weist im Vergleich zum Quick-Sortieralgorithmus nur wenige Fehler auf. Sie müssen jedoch eine verknüpfte Listendatenstruktur verwenden, wenn Sie diese Informationen einfach sortieren möchten. Diese Datenstruktur wird die Leistung des Algorithmus verbessern.

Vergewissern Sie sich, dass Sie alle notwendigen Informationen einbeziehen, wenn Sie einen Merge-Sortieralgorithmus verwenden. Diese Anweisungen sollten Fehlerprüfung, Fehlerbehandlung und Zeigermanipulation umfassen. Wenn Sie einen Algorithmus beschreiben, müssen Sie darauf achten, wie abstrakt der Algorithmus sein soll. Es ist unmöglich, alles im Algorithmus im Detail zu beschreiben, aber Sie müssen dies beim Schreiben von Code tun. Sie können den Algorithmus auch nicht in einer Blackbox belassen. Wenn Sie ein guter Programmierer sind oder jemanden kennen, der den richtigen Code für Sie erstellt, können Sie einfach sagen: "Verwenden Sie Bubble Sort". Es ist jedoch gut, wenn Sie Ihren Algorithmus so detailliert wie möglich erklären.

Sie müssen Folgendes beachten, wenn Sie Details über den gewünschten Algorithmus hinzufügen:

- Was ist der Zweck des Algorithmus? Führt er irgendwelche Funktionen für den Code oder die Informationen in den Daten aus?

- Gibt es bestimmte Datenstrukturen, die Sie verwenden müssen, um die im Algorithmus verwendeten Informationen zu manipulieren?

- Erwähnen Sie die Schritte und fügen Sie, wo immer möglich, Details hinzu, damit jeder, der den Algorithmus liest, weiß, was zu tun ist

- Begründen Sie die Korrektheit des Algorithmus

- Analysieren Sie die Geschwindigkeit, die Kosten, den Platzbedarf usw. des Algorithmus.

Es ist auch wichtig, den Algorithmus je nach Zielgruppe und Zweck zu beschreiben. Wenn Sie einen neuen Algorithmus zur Lösung eines bekannten Problems verwenden wollen, betonen Sie die von Ihnen verwendete Technik, die Begründung der Korrektheit und die Analyse des Algorithmus. Sie müssen zeigen, warum Ihr Algorithmus besser ist als der zuvor verwendete. Wenn Sie eine neue Datenstruktur vorstellen oder verwenden, geben Sie an, warum Sie diese verwenden wollen und wie Sie das Problem mit dieser Struktur analysieren wollen.

Einige Hilfsmittel, die Sie zum Nachweis der Korrektheit des Algorithmus verwenden, ermöglichen es Ihnen, den Algorithmus besser zu beschreiben. Sie sollten dies nicht völlig ignorieren.

Viertes Kapitel

Fehlerbehandlung

Wie bereits erwähnt, ist es wichtig, den Umgang mit Fehlern in jedem Algorithmus und Code zu untersuchen. Es ist einfach, dieses Konzept zu verstehen. Sie müssen lediglich Codezeilen identifizieren, die Sie schreiben sollten, um sicherzustellen, dass Fehler und Ausnahmen behandelt werden. Am einfachsten ist es, bestimmte Schlüsselwörter, wie null, zu verwenden, um Fehler und Ausnahmen in Ihrem Code zu behandeln. Es ist wichtig zu verstehen, dass Programmiersprachen das Schlüsselwort unterschiedlich verwenden. Stellen Sie sicher, dass Sie den richtigen Code für die Fehlerbehandlung haben, aber wenn der Code die Logik verdeckt, sollten Sie den Code für die Fehlerbehandlung nicht in Ihren Hauptcode aufnehmen. Hier sind einige Tipps, die Sie beachten sollten:

- Sie können das Schlüsselwort catch in den Code einfügen, um Fehler zu erkennen, aber es ist wichtig, das Schlüsselwort an der richtigen Stelle zu verwenden. Sie müssen auch das Schlüsselwort "try" verwenden, um den Fehler im Code zu identifizieren. Achten Sie beim Schreiben des Codes darauf, dass Sie die Fehlerbehandlung mit einer "try-catch-finally"-Anweisung beginnen

- Wenn Sie dem Code eine Ausnahme hinzufügen, müssen Sie dem Compiler genügend Informationen zur Verfügung stellen, damit Sie die Position des Fehlers im Code bestimmen können. Erstellen Sie eine aussagekräftige Fehlermeldung und übergeben Sie diese Meldung an die Ausnahme. Es ist auch wichtig, sicherzustellen, dass die Operation, die Sie im Code durchführen, nicht so funktioniert, wie es erwartet wird

- Anstatt den Compiler auf einen Block mit Fehlercode im Programm hinzuweisen, ist es am besten, eine Ausnahme zu werfen. Wenn Sie den Compiler nicht auf einen Fehlercode im Programm hinweisen, müssen Sie dem Compiler mitteilen, dass er im Code nach dem Problem suchen und es beheben soll. Wenn Sie den Code schreiben, stellen Sie sicher, dass Sie wissen, wo Sie diesen Code eingefügt haben. Lösen Sie Ausnahmen aus, wenn ein Fehler im Code vorliegt, um Probleme bei der Fehlersuche zu vermeiden.

Prüfen auf Ausnahmen

Leider sind in den Programmiersprachen die verschiedenen Techniken zur Behandlung von Ausnahmen und Fehlern nicht aufgeführt, aber Sie sollten Ihr Bestes tun, um herauszufinden, wie Sie diese Techniken zur Behandlung von Fehlern im Code einsetzen können. Sie müssen diese Fehlerbehandlungstechniken auch beim Schreiben des Algorithmus berücksichtigen. Mit einer geprüften

Ausnahme können Sie sicherstellen, dass die Signatur jeder Funktion oder Methode, die im Code verwendet wird, die Liste aller Ausnahmen enthält, die an den Aufrufer übergeben werden.

Es ist wichtig zu verstehen, dass der Compiler den Code nicht ausführt, wenn die Signatur nicht mit ihm übereinstimmt. Im folgenden Beispiel werden wir uns ansehen, wie man Ausnahme- und Fehlerbehandlungscodes in Java verwendet.

```java
public void ioOperation(boolean isResourceAvailable) throws
IOException {

        if (!isResourceAvailable) {
           throw new IOException();
        }
    }
```

Ein Problem bei dieser Form der Ausnahme ist, dass sie gegen einige Regeln der Programmiersprachen verstoßen kann. Wenn Sie eine beliebige geprüfte Ausnahme mit einer Methode im Code auslösen können und die Catch-Funktion drei Zeilen über dem Code steht, müssen Sie eine Ausnahme in der Signatur der Methode deklarieren. Das bedeutet, dass sich einige Codeblöcke aufgrund der Ausnahmebehandlung oder der Fehlerbehandlung ändern werden.

Definieren von Ausnahmen

Es ist von größter Wichtigkeit, die Ausnahmen im Code auf der Grundlage der Anforderungen der Funktion zu definieren. Wie werden Sie also Fehler klassifizieren? Werden Sie sie auf der Grundlage ihres Typs klassifizieren, damit Sie wissen, ob es sich um einen Netzwerkfehler, einen Programmierfehler oder einen Gerätefehler handelt? Werden Sie sie anhand ihrer Quelle klassifizieren, damit Sie wissen, woher die Fehler kommen? Oder werden Sie die Fehler danach klassifizieren, wie der Compiler diese Fehler identifiziert?

Einige Programmiersprachen ermöglichen es, Blöcke von bestehendem Code in Ausnahme- oder Fehlerbehandlungscode umzuwandeln. Im folgenden Beispiel sehen wir, wie dies geschehen kann:

```
class LocalPort {
  private let innerPort: ACMEPort func
open() throws {
    tun {
      try innerPort.open()
    } catch let error as DeviceResponseError
{
      throw
PortDeviceFailure.portDeviceFailure(error:
error)
    } catch let error as
ATM1212UnlockedError {
      throw
PortDeviceFailure.portDeviceFailure(error:
error)
    } catch let error as GMXError {
      throw
PortDeviceFailure.portDeviceFailure(error:
error)
    }
  }
}
```

Sonderfall Muster

Programmiersprachen ermöglichen es auch, ein Objekt zu erstellen oder zu konfigurieren, so dass es bestimmte Arten von Fehlern im Code behandelt. Der Client- oder Hauptcode wird sich nicht mit außergewöhnlichem Verhalten befassen.

Nachdem wir uns nun die verschiedenen Möglichkeiten der Codebehandlung angesehen haben, wollen wir uns die Verwendung des Schlüsselworts null zur Fehlerbehandlung ansehen.

Nullen

Wenn Sie ein Null-Schlüsselwort in eine Methode einfügen, ist der von Ihnen geschriebene Code nicht mehr zu debuggen. Es ist wichtig, dass Sie dies nicht tun. Das Hinzufügen von Nullwerten in den Fehlerbehandlungscode bedeutet mehr Arbeit für Sie. Wenn die Ausgabe ein Nullwert ist, müssen Sie mühsam herausfinden, wo der Nullwert in Ihrem Code aufgetreten ist.

```
// Ungeschickt, aber entspricht dem Code im
Buch
func register(item: Item?) {
  if item != nil {
    let registry: ItemRegistry? =
persitentStore.getItemRegistry()
    if registry != nil {
      let existingItem =
registry.getItem(item.getId())
      if
existingItem.getBillingPeriod().hasRetailOwn
er()) {
        existingItem.register(item)
      }
```

```
        }
      }
    }// Mehr Swifty mit guard-Anweisungen.
    func register(item: Item?) {
      guard let item = item,
            let registry =
    persistentStore.getItemRegistry() else {
        return
      }
      let existingItem =
    registry.getItem(item.getId())
      guard
    existingItem.getBillingPeriod().hasRetailOwn
    er() else {
        return
      }
      existingItem.register(item)
    }
```

Allgemeine Fehlermeldungen

Einfache Programme sind leicht zu kompilieren. Wenn Sie sich an den Algorithmus gehalten und die richtigen Variablen verwendet haben, werden Sie keine Fehler im Code finden. Dies sollte Sie nicht übermütig machen, da dies normalerweise nicht der Fall ist. Als Programmierer werden Sie die meiste Zeit damit verbringen, sich mit bestimmten Fehlern in dem von Ihnen geschriebenen Programm zu beschäftigen. Der Prozess der Fehlerbehebung wird als Debugging bezeichnet. Dieser Abschnitt befasst sich mit verschiedenen Möglichkeiten, mit Fehlern in einem von Ihnen geschriebenen Programm umzugehen.

Editieren und Neukompilieren

Möglicherweise haben Sie Rechtschreibfehler in Ihrem Code. Das scheint kein großes Problem zu sein, aber der Compiler gibt einen Fehler aus, wenn Sie die falschen Wörter im Code haben. Das bedeutet, dass Sie den Code durchgehen müssen, um den Fehler zu beheben. Machen Sie sich keine Sorgen über zu viele Fehler, denn nur so können Sie lernen. Gehen Sie die folgenden Schritte durch, um alle Fehler in Ihrem Code zu beheben. Führen Sie die folgenden Schritte aus, um den Code erneut auszuführen.

- Überarbeiten Sie den Quellcode und speichern Sie die Datei auf der Festplatte

- Den Code neu kompilieren

- Starten Sie das Programm

Es kann sein, dass Sie bei der Überarbeitung Ihres Codes noch viele Fehler finden. Machen Sie sich keine Sorgen, denn Sie werden zu Schritt 3 kommen, sobald Sie wissen, wie Sie mit Fehlern in Programmen arbeiten und diese bearbeiten können.

Überarbeitung des Quellcodes

Die von Ihnen erstellte Quellcodedatei kann so oft wie möglich geändert werden. In den meisten Fällen sind diese Änderungen notwendig, um Fehlermeldungen zu beseitigen, die während der Kompilierung auftreten. Manchmal möchten Sie vielleicht den Code ändern, indem Sie die Meldung auf dem Bildschirm ändern oder eine Funktion hinzufügen.

Neu kompilieren

In diesem Schritt müssen Sie das Programm ein weiteres Mal ausführen und es kompilieren, nachdem Sie Änderungen am Code vorgenommen haben. Verknüpfen Sie das Programm mit dem Compiler. Da der Code anders ist, müssen Sie den Code erst nach dem Linken an den Compiler senden. Wenn der Compiler wieder einen Fehler ausgibt, müssen Sie den ersten Schritt wiederholen. Um das Programm ein weiteres Mal zu kompilieren, geben Sie den folgenden Code in die Eingabeaufforderung ein, um den Compiler anzustoßen:

```
gcc hallo.c -0 hallo
```

Wenn keine Fehlermeldung auftaucht, können Sie sich selbst auf die Schulter klopfen. Sie haben keine Fehler mehr in Ihrem Code.

Umgang mit Fehlern

Beim Schreiben von Code ist es wichtig, dass Sie sich darüber im Klaren sind, dass Fehler im Code auftauchen werden. Machen Sie sich keine Sorgen über diese Fehler, sondern lernen Sie aus ihnen, um dieselben Fehler nicht noch einmal zu machen. Der Compiler hilft Ihnen, die genaue Zeile im Code zu identifizieren, in der ein Fehler auftritt, und hilft Ihnen so, ihn leicht zu beseitigen. Betrachten Sie das folgende Beispiel:

```
#include <stdio.h>
int main()
{
printf("Dieses Programm wird err.\n")
zurück(0);
```

```
}
```

Sie können diesen Code in Ihrem System speichern und ihn beim Schreiben eines beliebigen Programms verwenden. Versuchen Sie nun, den Code zu kompilieren und sehen Sie, was passiert. Die Ausgabe wird ein Fehler sein. Hier ist ein Beispiel für die Fehlermeldung, die der Compiler auf Ihrem Bildschirm ausgibt:

```
error.c: In der Funktion `main':
error.c:6: Parse-Fehler vor "return"
```

Die Fehlermeldung sagt Ihnen, wo das Problem in Ihrem Code liegt. Die Meldung ist schwer zu verstehen, aber sie enthält alle Informationen, die Sie benötigen. Zerlegen wir die Ausgabe in kleinere Teile, um die Fehlermeldung zu verstehen:

- Wo der Fehler aufgetreten ist. In diesem Fall ist der Fehler vor dem Wort return aufgetreten.

- Der Fehler tritt in Zeile 5 des Codes auf

- Der Code mit dem Fehler wird unter dem Dateinamen error.c gespeichert.

- Die Art des aufgetretenen Fehlers

Sie haben das Problem vielleicht nicht im Code identifiziert, aber der Compiler gibt Ihnen genügend Hinweise, um den Fehler im Code zu identifizieren. Der Fehler befindet sich in der fünften Zeile des Codes, aber leider erkennt der Compiler ihn erst in der sechsten Zeile. Es ist auch wichtig, die Art des Fehlers zu verstehen. Liegt ein Parse- oder Syntaxfehler vor, so bedeutet dies, dass eine Interpunktion in der Sprache fehlt und zwei Codezeilen, die nicht zusammenlaufen können, zusammenlaufen. Das Problem ist hier, dass am Ende der fünften Zeile kein Semikolon vorhanden ist.

Bearbeiten Sie die Quellcodedatei und beheben Sie das Problem. Wenn Sie sich die Zeile Nummer 6 ansehen, werden Sie nichts Falsches im Code sehen und sich wahrscheinlich fragen, wo der Fehler liegt. Wenn Sie erst einmal den Dreh raus haben, können Sie die Fehler leicht erkennen und bei Bedarf Änderungen vornehmen. Nehmen Sie die notwendigen Änderungen am Code vor, um Probleme zu beheben, und speichern Sie diese Datei als Quellcodedatei auf Ihrem System ab.

Wenn Sie mit der Arbeit an einem Programm beginnen, werden zwangsläufig Fehler auftreten. Anfangs sind Sie vielleicht nicht in der Lage, die Fehler zu erkennen, aber mit etwas Übung können Sie die Fehler erkennen und das Programm innerhalb weniger Minuten debuggen.

Fünftes Kapitel

Analyse von Algorithmen

E s ist wichtig, die Komplexität des Algorithmus zu bewerten. Bei der Analyse eines Algorithmus sollten Sie den asymptotischen Aspekt zur Bewertung des Algorithmus nutzen. Das bedeutet, dass Sie sich ansehen, wie die Funktionen im Algorithmus mit großen Datenmengen arbeiten. Donald Knuth prägte den Begriff "Analyse von Algorithmen".

Die Theorie der Computerkomplexität basiert auf der Analyse von Algorithmen. Sie erhalten eine theoretische Abschätzung der für die Ausführung eines Algorithmus erforderlichen Ressourcen. Aus den vorangegangenen Kapiteln haben Sie vielleicht gelernt, dass die in einem Algorithmus definierte Eingabe eine beliebige Länge haben muss. Wenn Sie einen Algorithmus analysieren, müssen Sie die Zeit und den Speicherplatz betrachten, die Sie für seine Ausführung benötigen.

Die Laufzeit oder Effizienz eines Algorithmus wird als Variable der Zeitkomplexitätsfunktion angegeben, und der verwendete Speicher wird als Variable der Raumkomplexitätsfunktion angegeben.

Die Bedeutung der Analyse

Sie fragen sich vielleicht, warum Sie einen Algorithmus analysieren müssen. Wir werden dies anhand eines Beispiels für ein Problem tun, das auf mehrere Arten gelöst werden kann. Wenn Sie einen Algorithmus zur Lösung eines bestimmten Problems betrachten, können Sie ein Muster entwickeln, das es Ihnen ermöglicht, ähnliche Probleme zu erkennen, die Sie mit diesem Algorithmus lösen können.

Es ist wichtig, den Unterschied zwischen diesen Algorithmen zu verstehen, da sie alle das gleiche Ziel verfolgen. Die Zeit und der Speicherplatz, die jeder Algorithmus benötigt, sind unterschiedlich. Wenn Sie zum Beispiel eine Liste von Zahlen sortieren wollen, können Sie einen Sortieralgorithmus verwenden. Sie können zwischen verschiedenen Sortier- und Suchalgorithmen wählen, und die für den Vergleich benötigte Zeit wird für jeden Algorithmus unterschiedlich sein. Das bedeutet, dass die Zeitkomplexität des Algorithmus unterschiedlich sein kann. Sie müssen auch den Platz berücksichtigen, den der Algorithmus im Speicher einnehmen wird.

Es ist wichtig, den Algorithmus zu analysieren, um zu verstehen, wie effektiv er Probleme lösen kann. Sie müssen die Größe des Speichers berücksichtigen, den der Algorithmus zur Lösung eines Problems benötigt. Das Hauptaugenmerk eines jeden Algorithmus liegt jedoch auf der Leistung und der für die Ausführung des Algorithmus benötigten Zeit. Führen Sie die unten aufgeführten Tests und Analysen durch, um die Leistung eines Algorithmus zu beurteilen:

- **Der ungünstigste Fall**: Sie sollten die maximale Anzahl von Schritten verwenden, um die erwartete Ausgabe für eine gegebene Eingabe zu erhalten

- **Amortisiert**: Sie können eine Folge von Vorgängen über einen bestimmten Zeitraum auf die Eingabe anwenden

- **Durchschnittlicher Fall**: Sie sollten den Durchschnitt der minimalen und maximalen Anzahl von Schritten verwenden, um die gewünschte Ausgabe für eine bestimmte Eingabe zu erhalten.

- **Bester Fall**: Sie sollten eine minimale Anzahl von Schritten verwenden, um die erwartete Ausgabe für eine gegebene Eingabe zu erhalten

Um ein Problem zu lösen, müssen Sie die räumliche und zeitliche Komplexität berücksichtigen. Das Programm wird in einem System mit begrenztem Speicher ausgeführt, aber es gibt genügend Platz, um die Daten zu speichern. Denken Sie daran, dass das Gegenteil auch für Algorithmen gilt. Wenn Sie einen Bubble-Sort- und einen Merge-Sort-Algorithmus vergleichen, werden Sie feststellen, dass ersterer mehr Platz zum Speichern einer Variablen benötigt. Außerdem benötigt ein Bubble-Sort-Algorithmus mehr Zeit als ein Merge-Sort-Algorithmus. Das bedeutet, dass Sie den Merge-Sort-Algorithmus verwenden können, um eine Sortierfunktion in einer Umgebung durchzuführen, in der Sie nicht genügend Zeit haben, und den Bubble-Sort-Algorithmus, wenn Sie nicht genügend Speicherplatz haben.

Analyse-Methoden

Um zu beurteilen, wie ein Algorithmus zur Messung des Ressourcenverbrauchs eingesetzt wird, verwenden Sie die unten aufgeführten Strategien.

Asymptotische Analyse

Bei dieser Art von Analyse wird untersucht, wie sich der Algorithmus verhält, wenn sich die Eingabegröße ständig ändert. Wir ignorieren jeden kleinen Wert der Eingabevariablen und konzentrieren uns bei dieser Analyse nur auf den größeren Wert. Der Algorithmus ist normalerweise besser, wenn die asymptotische Wachstumsrate sehr langsam ist. Dies gilt jedoch nicht unbedingt in allen Fällen. Der Vergleich eines linearen Algorithmus mit einem quadratischen Algorithmus zeigt, dass der lineare Algorithmus asymptotisch besser ist, da er nicht zu viele Variablen verwendet, um das Ziel zu erreichen.

Verwendung von Rekursionsgleichungen

Mit verschiedenen Rekursionsgleichungen lässt sich beschreiben, wie ein Algorithmus bei kleineren Eingabewerten funktioniert. Diese Form der Analyse wird durchgeführt, um Divide-and-Conquer-Algorithmen zu analysieren und zu testen.

Gehen wir von folgendem Fall aus:

- Funktion T(n): wird verwendet, um die Laufzeit für ein beliebiges Problem zu definieren

- N: Eingabegröße des Problems

Wenn der Wert von n klein und über alle Teilprobleme hinweg konsistent ist, benötigt die Lösung eine konstante Zeit, die als $\theta(1)$ geschrieben wird.

Nehmen wir weiter an, dass Sie in Ihrem Algorithmus zahlreiche Teilprobleme haben und die Eingabegröße dieser Probleme n/b ist. Wenn wir das Problem lösen wollen, wird der Algorithmus die Zeit T(n/b) * a benötigen.

Um die benötigte Zeit zu berechnen, verwenden Sie die folgende Gleichung:

```
T(n)={θ(1)aT(nb)+D(n)+C(n)ifn⩽anderenfallsT(n)={
θ(1)ifn⩽caT(nb)+D(n)+C(n)
```

Sie können eine Rekursionsbeziehung auch mit den folgenden Methoden lösen:

- **Rekursionsbaum-Methode**: Mit Hilfe eines Entscheidungsbaums können Sie die Kosten der einzelnen verwendeten Methoden anzeigen

- **Substitutionsmethode**: Bei dieser Methode gehen Sie von einer Grenze oder einem Bereich aus und verwenden mathematische Induktion, um festzustellen, ob Ihre Annahme richtig ist.

- **Master's Theorem**: Mit dieser Technik können Sie die Komplexität einer beliebigen Rekursionsbeziehung ermitteln

Amortisierte Analyse

Diese Art der Analyse wird häufig bei Algorithmen mit ähnlichen Optionsfolgen durchgeführt. Durch die Amortisationsanalyse können Sie eine Begrenzung oder einen Bereich der Kosten für die Ausführung des gesamten Algorithmus erhalten. Für die einzeln ausgeführten Operationen wird kein Bereich oder keine Grenze angegeben. Dies ist eine ganz andere Art der Analyse, aber diese Methode wird häufig verwendet, um die Effizienz eines Algorithmus zu analysieren und den Algorithmus selbst zu entwerfen.

Aggregat-Methode

Bei dieser Methode betrachten Sie das Problem als Ganzes. Nehmen wir an, dass bei der Ausführung eines Algorithmus n Operationen ablaufen und die für diese n Operationen benötigte Zeit T(n) ist. Die amortisierten Kosten sind T(n)/n für jede Operation im Algorithmus, und die Variable stellt das Worst-Case-Szenario dar.

Buchführungsmethode

Bei der Buchführungsmethode müssen Sie jedem durchgeführten Vorgang nur bestimmte Kosten oder Gebühren in Abhängigkeit von den tatsächlichen Kosten für die Durchführung dieser Vorgänge zuordnen. Wenn die tatsächlichen Kosten des Vorgangs niedriger sind als die fortgeführten Anschaffungs- oder Herstellungskosten, stellt die Differenz die Gutschrift dar. Dieses Guthaben können Sie dann später für andere Vorgänge verwenden, deren tatsächliche Kosten höher sind als die amortisierten Kosten. Sie können die Kosten nach der folgenden Formel berechnen:

$$\sum_{i=1}^{n} c\mathbf{1}^{\wedge} \geqslant \sum_{i=1}^{n} c_i \sum_{i=1}^{n} c\mathbf{1}^{\wedge} \geqslant \sum_{i=1}^{n} c_i$$

Potenzielle Methode

Diese Methode stellt die Arbeit, die der Algorithmus geleistet hat, in Form von potenzieller Energie dar. Diese Methode ähnelt der Buchhaltungsmethode, aber hier betrachten wir die Gesamtkosten des Algorithmus in Form seiner Energie.

Gehen wir von folgendem Fall aus:

- D_0 : gibt die im Algorithmus verwendete Datenstruktur an

- N: gibt die Anzahl der in einem Algorithmus durchgeführten Operationen an

Wenn die Kosten der Operation x sind und die Datenstruktur für die i-te Operation als D_i dargestellt wird, können die amortisierten Kosten für die i-te Operation wie folgt dargestellt werden:

```
cl^=ci+Φ(Di)-Φ(Di-1) cl^=ci+Φ(Di)-Φ(Di-1)
```

Die gesamten fortgeführten Anschaffungskosten betragen daher:

```
∑i=1ncl^=∑i=1n(ci+Φ(Di)-Φ(Di-
1))=∑i=1nci+Φ(Dn)-
Φ(D0)∑i=1ncl^=∑i=1n(ci+Φ(Di)-Φ(Di-
1))=∑i=1nci+Φ(Dn)-Φ(D0)
```

Dynamische Tabelle

Wenn Sie einen Algorithmus auf einem System ausführen, kann es sein, dass der Speicher nicht ausreicht, um die Eingabe- und Ausgabevariablen zu speichern. In solchen Fällen müssen Sie möglicherweise einige Daten aus dem Algorithmus entfernen und in eine große Tabelle verschieben. Sie können auch die Informationen aus dieser Tabelle entfernen oder Daten ersetzen, wann immer dies erforderlich ist. Sie können die Daten neu zuordnen, um sie in eine kleinere Tabelle zu verschieben. Sie können die Kosten für das ständige Einfügen und Löschen von Datensätzen in einer Tabelle berechnen und feststellen, ob sie einen bestimmten Schwellenwert überschreiten, den Sie mit Hilfe der Amortisationsanalyse festgelegt haben.

Weltraumkomplexität

Wie bereits erwähnt, belegt jeder Algorithmus einen gewissen Platz im Speicher, insbesondere während der Ausführung. In diesem Abschnitt wird untersucht, wie Sie mit den komplexen Berechnungen umgehen können, die Ihnen helfen, den Platzbedarf eines Algorithmus zu beurteilen. Die Raumkomplexität ist mit der Zeitkomplexität vergleichbar und ermöglicht es Ihnen, verschiedene Klassifizierungsprobleme von Algorithmen auf der Grundlage der Rechenschwierigkeiten zu lösen.

Bei der Analyse eines Algorithmus ist es wichtig, die Raumkomplexitätsfunktion zu betrachten. Diese Funktion bestimmt den Platz, den der Algorithmus bei seiner Ausführung benötigt. Dieser Platz kann von den Eingabe-, temporären oder Ausgabevariablen belegt werden, die im Algorithmus verwendet werden. Wenn Sie Algorithmen entwerfen, sollten Sie an den zusätzlichen Speicher denken, den Sie für die Speicherung der Ausgabe und der Eingabe benötigen. Die meisten Programmierer vergessen das Letztere.

Verwenden Sie Variablen mit fester Länge, um diese Eingabevariablen zu messen. Sie können entweder eine bestimmte Anzahl von Ganzzahlen oder Bytes verwenden, um den Speicher zu beschreiben. Jede Funktion, die Sie zu diesem Zweck definieren, ist unabhängig vom tatsächlichen Speicherplatz. Oft wird die Raumkomplexität ignoriert, aber es wird vergessen, dass sie genauso wichtig ist wie die Zeitkomplexität, da das Programm nicht gut funktioniert, wenn kein Platz im Speicher vorhanden ist.

Verständnis der Rekursion

Wir haben uns zu Beginn des Buches einen einfachen rekursiven Algorithmus angesehen, aber was wissen Sie schon über Rekursion? In diesem Abschnitt werden wir uns einen rekursiven Algorithmus ansehen und Ihnen einige Informationen geben, die Ihnen helfen, solche Algorithmen leicht zu erkennen.

Jede rekursive Funktion ist eine Blackbox. Sie wissen nur, was die Funktion tut, aber nicht genau, was passiert. Das bedeutet, dass Sie nur das sehen, was man von Ihnen zu sehen erwartet. Wenn Sie beispielsweise eine Funktion verwenden möchten, bei der Sie die Elemente in einem Array sortieren, können Sie sie folgendermaßen beschreiben: "Verwenden Sie den Merge-Sort-Algorithmus, um die Elemente in einem Array in aufsteigender Reihenfolge zu sortieren, indem Sie ein anderes Array verwenden.

Es ist auch sinnvoll, diesen Algorithmus in kleinere Probleme aufzuteilen und diese zu lösen, bevor man sich dem größeren Problem zuwendet. Zum Beispiel kann man sagen, dass die Maschine die Elemente in einem Feld unabhängig voneinander sortieren und dann in ein anderes Feld verschieben muss. Oder man kann die Anordnung aufteilen und die Elemente in der Anordnung sortieren, bevor man sie alle in einer Anordnung zusammenfasst.

Sie können dieselbe Beschreibung verwenden und sie auf jeden Sortieralgorithmus anwenden, einschließlich Merge Sort und Quick Sort. Der einzige Unterschied zwischen diesen Algorithmen ist die Art und Weise, wie die Daten aufgeteilt und sortiert werden. Quick Sort verwendet komplexe Partitionierungsmethoden und einfache Zusammenführungstechniken, während Merge Sort das Gegenteil ist.

Es ist auch wichtig, Grenzbedingungen zu beschreiben, wenn Sie einen rekursiven Algorithmus verwenden, um die Rekursion zu beenden. Wenn Sie das Array in Sequenzen aufteilen, können Sie einige kleinere Arrays mit nur einem oder zwei Elementen darin erhalten. Ein solches Array müssen Sie nicht sortieren. Wenn Sie den Algorithmus für die Einfügesortierung verwenden, nutzen Sie den Divide-and-Conquer-Algorithmus, um die Sequenz in kleinere Sequenzen aufzuteilen und dann die Elemente in diesen Sequenzen zu sortieren, bevor Sie die gesamte Liste kombinieren.

Sie müssen daran denken, den Algorithmus zu erklären, wenn Sie über seine Übersicht sprechen. Nur so lassen sich die zu verwendenden Funktionen und Methoden bestimmen. Unabhängig davon, welche algorithmische Strategie Sie verwenden möchten, müssen Sie eine Beschreibung liefern. Erläutern Sie auch, warum Sie sich für diese Methode entschieden haben und nicht für die anderen.

Sechstes Kapitel

Eine Einführung
in Schreibprogramme

A ls Neueinsteiger in die Programmierung müssen Sie einige Punkte beachten, bevor Sie einen Algorithmus in ein Programm umwandeln. Dieses Kapitel führt Sie in diese Konzepte ein und erklärt Ihnen, wie man mit verschiedenen Operatoren und Datentypen arbeiten kann, um Funktionen auszuführen.

Grundlagen der Programmierung

Programmierer schreiben oft Code für bestimmte Projekte oder Aufgaben. Daher neigen sie dazu, Code zu schreiben, den sie selbst oder jemand, der sich mit Code auskennt, verstehen kann. Es kann vorkommen, dass der Programmierer nicht versteht, was er geschrieben hat, weil er seinen Schreibstil geändert hat. Wäre es dann nicht einfacher, etwas zu lesen, das leicht zu verstehen ist, wenn man sich den Code noch einmal ansieht?

Im Folgenden finden Sie einige Grundsätze, die Sie beim Schreiben von Programmen beachten sollten. Es ist am besten, diese Punkte zu beachten, um sicherzustellen, dass Sie hochwertigen Code schreiben.

Benennungskonventionen

Es ist sehr wichtig, sich beim Schreiben von Code an diesen Grundsatz zu halten. Sie müssen Funktionen, Methoden und Variablen korrekt benennen, um sicherzustellen, dass der Code keine Fehler enthält.

Nehmen wir an, dass ein neuer Programmierer Ihren Code prüft. Die Person sollte die Variablen finden und ihre Funktion verstehen, indem sie sich Ihren Code ansieht. Benennen Sie die Variablen entsprechend dem Bereich und der Funktionalität der Methode oder des Projekts. Es ist auch wichtig, das Wort "is" als Präfix für eine boolesche Variable zu verwenden.

Wenn Sie z. B. an einer Anwendung für eine Bank arbeiten, die Zahlungen abwickelt, können Sie die folgenden Variablen verwenden:

```
double totalBalance; // Stellt den Saldo des
Benutzerkontos dar
double amountToDebit; // Stellt den Betrag
dar, der dem Nutzer in Rechnung gestellt
wird
double amountToCredit; // Stellt den Betrag
dar, der dem Benutzer gegeben werden soll
boolean isUserActive;
```

Halten Sie sich an die folgenden Benennungskonventionen:

- Zur Kennzeichnung von Datenstrukturen und Variablen müssen Sie den Camel Case verwenden. Zum Beispiel,

```
int integerArray[] = new int[10];
String merchantName = "Perry Mason";
```

- Verwendung des schreienden Schlangenfalls zur Kennzeichnung von Konstanten. Zum Beispiel,

```
final long int ACCOUNT_NUMBER = 123456;
```

Dateistruktur

Der Programmierer muss die Struktur des Projekts einhalten. Wenn man sich an die Struktur hält, ist der Code leichter zu verstehen. Die Struktur ist für verschiedene Arten von Anwendungen sehr unterschiedlich. Die Idee bleibt jedoch dieselbe. Zum Beispiel,

Betrachten von Funktionen und Methoden

Wenn Sie die richtigen Methoden und Funktionen in Ihrem Code verwenden, werden Sie ein Experte im Programmieren sein. Halten Sie sich an die folgenden Regeln, wenn Sie Funktionen benennen:

- Benutzen Sie Großbuchstaben, um eine Funktion oder Methode zu benennen

- Der Methodenname sollte in der gleichen Zeile stehen wie die öffnende Klammer der Methode

- Funktionen mit einem Nonverb-Sound benennen

- Stellen Sie sicher, dass die Funktionen nur ein oder höchstens zwei Argumente verwenden

Zum Beispiel,

```
double getUserBalance(long int
accountNumber) {
// Definition der Methode
}
```

Vertiefung

Wenn Sie abstrakte Klassen verwenden oder einige Zeilen außerhalb einer Methode schreiben wollen, bedeutet das, dass Sie den Code verschachteln wollen. Wenn Sie den Code nicht geschrieben haben, wird es schwierig zu verstehen, was wohin gehört. Es ist schwierig, mit solchem Code zu arbeiten, weil man nie weiß, wo etwas endet, wenn man keine Einrückung verwendet. Deshalb sollten Sie sich an die Einrückung halten. Das bedeutet lediglich, dass Sie die Klammern an der richtigen Stelle einsetzen.

Vermeiden Sie Selbsterklärungen

Als Programmierer wird von Ihnen erwartet, dass Sie Kommentare zu Ihrem Code schreiben. Sie müssen erklären, was eine Methode oder Funktion tun soll. Schreiben Sie keine selbsterklärenden Kommentare, denn das ist nutzlos und bringt keinen Mehrwert für den Code. Es ist wichtig, Code zu schreiben, den jeder versteht. Zum Beispiel,

```
final double PI = 3.14; // Dies ist der Pi-
Wert //
```

Glauben Sie, dass die obige Aussage einen Kommentar braucht? Nein, denn sie besagt, dass die Variable den Wert von Pi enthält, und das ist selbsterklärend.

KISS

KISS ist ein Akronym für Keep It Simple Silly. Dieser Grundsatz wurde 1960 von der US Navy geprägt. Dieser Grundsatz besagt, dass jedes System, das Sie entwickeln, immer so einfach wie möglich gehalten werden sollte. Vermeiden Sie es, dem Code unnötige Komplexität hinzuzufügen. Die Frage, die Sie sich beim Schreiben von Code stellen müssen, lautet: "Kann dieser Code besser und einfacher geschrieben werden?" Nur so wird der Code lesbar und für jeden leicht verständlich.

DRY

DRY ist ein Akronym für "Don't Repeat Yourself" (Wiederhole dich nicht) und entspricht dem vorherigen Prinzip. Stellen Sie sicher, dass der Code, den Sie schreiben, unmissverständlich ist. Der Compiler sollte nicht zu viel Zeit damit verbringen, ihn zu entschlüsseln. Nur so können Sie die Wiederholung Ihrer Codezeilen vermeiden, damit der Compiler versteht, was Sie von ihm wollen.

YAGNI

Nach dem YAGNI-Prinzip (You Aren't Gonna Need It) sollten Funktionen und Operationen nur dann zum Code hinzugefügt werden, wenn sie notwendig sind. Dies ist ein Teil der extremen Programmiermethodik, bei der Sie den Code, den Sie schreiben, verbessern können, indem Sie sich auf das Notwendigste beschränken. Verwenden Sie dieses Prinzip in Verbindung mit Unit-Tests, Integration und Refactoring.

Protokollierung

Wenn Sie Code schreiben, bedeutet das nicht, dass der Code gut geschrieben ist oder erfolgreich kompiliert werden kann. Sie müssen den Code debuggen und testen, um sicherzustellen, dass er reibungslos funktioniert. Bei umfangreichen Programmen dauert die Fehlersuche länger. Daher müssen Sie den Code aufbrechen und dann testen. Wenn Sie einen Teil des Codes testen, erstellen Sie ein Protokoll. Wenn Sie eine Protokollanweisung schreiben, können Sie diese Anweisungen zum Debuggen des Codes verwenden. Es ist eine gute Idee, eine Protokollanweisung in eine Funktion zu schreiben. Da der größte Teil der Verarbeitung nur über eine Funktion oder Methode erfolgt, ist es am besten, die Protokollanweisung zu schreiben, um zu verstehen, ob die Funktion ein Erfolg oder ein Misserfolg ist.

Objekte und Klassen

Klassen

Eine Klasse ist eine Blaupause, und Sie können ein Objekt aus der Klasse erstellen. Eine Klasse hat einen der folgenden Variablentypen:

- Klasse - Diese werden in einer Klasse und außerhalb einer Methode mit dem Schlüsselwort static deklariert.

- Klassenvariablen - Klassenvariablen werden in Klassen deklariert, nicht innerhalb einer Methode, und zwar mit dem Schlüsselwort static.

- Lokale Variablen - Diese Variablen sind innerhalb eines Blocks, einer Methode oder eines Konstruktors definiert und werden daher als lokale Variablen bezeichnet. Sie sollten diese Variable in der Klasse deklarieren und sie in der Methode initialisieren. Sobald die Methode vollständig ausgeführt wurde, wird sie aus dem Speicher des Computers entfernt.

- Instanz - Dies ist eine Variable, die innerhalb einer Klasse, aber außerhalb einer Methode definiert wurde. Sie werden zum Zeitpunkt der Instanziierung der Klasse initialisiert und können aus einer Methode, einem Block oder einem Konstruktor der Klasse heraus aufgerufen werden.

Klassen können mehrere Methoden für den Zugriff auf die Werte verschiedener Methoden haben. Im Fall einer Person ist "eating()" eine Methode.

Objekte

Um Sie herum sind Objekte vorhanden. Dazu gehören Hunde, Menschen, Gebäude, Häuser usw. Jedes Objekt hat seine eigenen Eigenschaften, sein Verhalten und seinen Zustand. Nehmen wir zum Beispiel einen Hund. Zu seinen Eigenschaften und Zuständen gehören Name, Farbe, Rasse usw., während zu seinen Verhaltensweisen Laufen, Bellen und Schwanzwedeln gehören. Betrachten Sie ein Software-Objekt auf ähnliche Weise. Sie werden sehen, dass es keinen großen Unterschied zwischen den beiden gibt. Jedes Softwareobjekt hat auch seinen eigenen Zustand und sein eigenes Verhalten. Der Zustand wird in einem Feld gespeichert, und eine Methode gibt das Verhalten an.

Erstellen von Objekten

Wie bereits erwähnt, stammt ein Objekt aus der Klasse, und Sie können das Schlüsselwort new verwenden, um das Objekt in der Klasse zu beschreiben. Führen Sie die folgenden Schritte aus, um ein Objekt zu erstellen:

- **Deklaration**: Deklarieren Sie eine Variable mit einem Namen und definieren Sie den Objekttyp im Code

- **Instanziierung:** Wir verwenden das Schlüsselwort new, um ein Objekt zu erzeugen

- **Initialisierung**: Auf das Schlüsselwort new folgt der Aufruf eines Konstruktors, der das Objekt initialisiert.

Wenn Sie auf eine Instanzmethode oder -variable zugreifen wollen, müssen Sie ein Objekt erstellen. Verwenden Sie den folgenden Pfad für die Instanzvariable:

```
/* Erstellen Sie zunächst das Objekt */
ObjectReference = new Constructor();
/* Rufen Sie die Variable nun so auf */
ObjectReference.variableName;
/* Jetzt können Sie die Klassenmethode wie
folgt aufrufen */
ObjectReference.MethodName();
```

Konstrukteure

Ein Konstruktor ist ein sehr wichtiger Teil einer Klasse. Jede Klasse hat einen, und wenn wir keinen für unsere Klasse schreiben, stellt Java einen Standardkonstruktor zur Verfügung. Wenn Sie ein neues Objekt in einer Klasse erstellen, ruft der Compiler automatisch den Konstruktor auf. Die wichtigste Regel für einen Konstruktor ist, dass er einen identischen Namen wie die Klasse haben muss, und eine Klasse kann mehr als einen Konstruktor haben.

Jede Programmiersprache erlaubt die Verwendung von Singleton-Klassen, mit denen Sie nur eine Instanz einer Klasse erstellen können.

Wie man Quelldateien deklariert

Es ist wichtig, die Regeln von Quelldateien zu verstehen, insbesondere wenn Sie eine Klasse im Code deklarieren. Eine Import-Anweisung und eine Package-Anweisung in einer Quelldatei sind wichtig zu beurteilen.

- Eine Quelldatei kann beliebig viele nicht-öffentliche Klassen enthalten

- In einer Klasse, die in einem Paket definiert wurde, muss die erste Anweisung in der Quelldatei die Paketanweisung sein

- Sie dürfen nur eine öffentliche Klasse in einer Quelldatei haben

- Wenn sie enthalten sind, sollten Import-Anweisungen zwischen der Klassendeklaration und der Paket-Anweisung geschrieben werden. Wenn es keine Package-Anweisung gibt, wird die Import-Anweisung die erste Zeile der Quelldatei sein

- Die Quelldatei und die öffentliche Klasse müssen denselben Namen haben, wobei dem Dateinamen die Erweiterung der Programmiersprache angehängt wird

- Package- und Import-Anweisungen beziehen sich auf jede Klasse, die in der Quelldatei vorhanden ist. Sie können nicht verschiedene oder unterschiedliche Klassen deklarieren

Ein Paket ist eine Kategorisierung der Klasse und der Schnittstelle - das muss man beim Programmieren machen, um sich das Leben leichter zu machen.

Die Import-Anweisung gibt dem Compiler den richtigen Ort, um eine bestimmte Klasse zu finden.

Datenarten

Daten sind eine Darstellung verschiedener Anweisungen, Konzepte und Fakten. Diese Informationen liegen in einem bestimmten Format vor und können zur Interpretation, Kommunikation oder Verarbeitung durch die Maschine verwendet werden. Zur Darstellung dieser Daten werden Sonderzeichen und Gruppen von anderen Zeichen verwendet.

Alle klassifizierten oder organisierten Daten werden als Informationen bezeichnet. Informationen sind verarbeitete Daten, und jede Entscheidung oder Handlung basiert auf diesen Informationen. Diese Informationen haben eine gewisse Bedeutung, und das ist es, wonach der Empfänger sucht. Wenn die zu treffende Entscheidung sinnvoll sein soll, müssen die verarbeiteten Daten die folgenden Kriterien erfüllen:

- Vollständig: Die Informationen sollten alle Parameter und Daten enthalten

- Korrektheit: Die Informationen sollten immer korrekt sein

- Rechtzeitig: Die Informationen sollten immer verfügbar sein, wenn sie benötigt werden.

Zyklus der Datenverarbeitung

Die Datenverarbeitung beinhaltet die Neuordnung oder Umstrukturierung der Daten durch die Maschine. Dies trägt dazu bei, den Nutzen der Daten zu erhöhen und einen Mehrwert für den Zweck zu schaffen. Der Datenverarbeitungszyklus besteht aus drei Schritten:

Eingabe

In diesem Schritt werden die Daten in die Maschine eingespeist, und Sie müssen die Eingabedaten vorbereiten und in eine Form bringen, die die Maschine leicht lesen kann. Die Struktur, die Sie verwenden müssen, hängt von der Art der Maschine ab. Wenn Sie beispielsweise elektronische Computer verwenden, können Sie die Eingabedaten auf verschiedenen Datenträgern wie Magnetplatten, USB-Sticks, Bändern usw. speichern.

Verarbeitung

In diesem Schritt werden die Daten aus dem vorherigen Schritt neu strukturiert, um Informationen oder Daten zu erhalten, die nützlicher sind. Zum Beispiel wird ein Gehaltsscheck auf der Grundlage der Zeitkarten oder der Anzahl der Arbeitsstunden berechnet. In ähnlicher Weise kann die Zusammenfassung der Verkäufe auf der Grundlage der Kundenaufträge berechnet werden.

Ausgabe

Dies ist der letzte Schritt des Verarbeitungszyklus, in dem die Daten aus dem vorherigen Schritt gesammelt werden. Das Format der Daten können Sie je nach Verwendung der Daten festlegen.

Eine Variable ist ein reservierter Speicherplatz, der zum Speichern von Werten verwendet wird. Wenn Sie eine neue Variable erstellen, reservieren Sie automatisch diesen Platz im Speicher. Die Größe des Speichers wird durch den Typ der Variable bestimmt - das Betriebssystem weist den Speicher zu und bestimmt, was darin gespeichert werden kann. Sie können Dezimalzahlen, ganze Zahlen oder Zeichen speichern, indem Sie einer Variablen einen anderen Typ zuweisen. Jede Programmiersprache hat zwei Hauptdatentypen:

- Primitiv
- Referenz oder Objekt

Primitiv

Die meisten höheren Programmiersprachen enthalten acht primitive Datentypen. Diese sind von der Sprache vordefiniert und werden mit einem Schlüsselwort benannt. Die acht Typen sind:

int

Der int hat einen Standardwert von Null, einen Maximalwert von 2.147.483.647 und einen Minimalwert von -2147.483.647. Er wird normalerweise als Standardtyp für ganzzahlige Werte verwendet, es sei denn, der Speicher ist knapp.

lang

Der Standardwert für long ist 0L, mit einem Höchstwert von 9.223.372.036.854.775.808 und einem Mindestwert von -9.223.372.036.854.775.807. Er wird verwendet, wenn Sie eine größere Reichweite benötigen, als der int-Wert bietet.

Schwimmer

Float hat einen Standardwert von 0.0f und wird im Allgemeinen verwendet, um bei großen Arrays mit Fließkommazahlen etwas Speicher zu sparen. Er wird nie verwendet, wenn Sie einen genauen Wert benötigen, wie z. B. bei Währungen.

doppelt

Double hat einen Standardwert von 0,0d. Er wird normalerweise als dezimaler Werttyp verwendet und sollte nie für präzise Werte wie Währungen verwendet werden.

Byte

Ein Byte ist ein Datentyp mit einem Standardwert von 0. Der Mindestwert ist -128, der Höchstwert 127. Es wird verwendet, um in größeren Arrays Platz zu sparen, in der Regel anstelle einer Ganzzahl, da eine Ganzzahl viermal größer ist als ein Byte.

kurz

Ein Short ist ein Datentyp mit einem Standardwert von 0. Der Mindestwert ist -32.768, der Höchstwert 32.767. Er kann auch als Byte-Datentyp zum Speichern von Speicher verwendet werden. Die Ganzzahl ist zwei Mal größer als der Short.

boolean

Der boolesche Wert wird verwendet, um eine einzelne Information darzustellen und hat nur zwei Werte - wahr oder falsch. Es wird verwendet, wenn Sie entweder wahre oder falsche Bedingungen verfolgen müssen. Sein Standardwert ist false.

char

Der Datentyp char kann für die Speicherung von beliebigen Zeichen verwendet werden

Referenz-Datentypen

Wir verwenden Konstruktoren, um Referenzvariablen zu erstellen. Die Referenzvariable wird verwendet, um auf ein Objekt zuzugreifen, und wird als spezifischer Typ deklariert, der als unveränderlich bekannt ist. Das bedeutet, dass sie nach der Deklaration nicht mehr geändert werden können. Zu den Referenzobjekten gehören Klassenobjekte und eine Vielzahl von Array-Variablen. Der Standardwert einer Referenzvariablen ist null, und sie kann verwendet werden, um auf andere Objekte zu verweisen.

Literale

Literale sind eine Quellcodedarstellung von festen Werten, die direkt im Code dargestellt werden, ohne dass eine Berechnung erforderlich ist. Sie können ein Literal auf folgende Weise als primitiven Datentyp zuweisen:

```
Byte a = 67;
char a = 'A'
```

Sie können int, byte, short und long auch im oktalen, dezimalen oder hexadezimalen Zahlensystem ausdrücken. Vor der Zahl muss ein 'o' stehen, um das oktale System anzugeben, und ein '0x', um das hexadezimale System anzugeben. Zum Beispiel:

```
int dezimal = 100;
```

61

```
int octal = 0144;
int hexa = 0x64;
```

String-Literale werden im Code angegeben, ähnlich wie in anderen Sprachen. Es handelt sich um eine Folge von Zeichen, die in doppelte Anführungszeichen eingeschlossen sind. In einigen Programmiersprachen können Sie Zeichen- und Stringliterale mit Escape-Sequenzen verwenden. Die folgenden sind einige zu verwenden:

Flucht-Sequenz	Vertretung
\n	Zeilenumbruch
\r	Rückführung des Wagens
\f	Formular Vorschub
\b	Rücktaste
\s	Weltraum
\t	Registerkarte
\"	Doppeltes Zitat
\'	Einzelnes Zitat
\\	Backslash
\ddd	Oktalzeichen
\uxxxx	

Betrieb

Verschiedene Operatoren können verwendet werden, um Daten und Variablen in jedem Code zu manipulieren. In diesem Abschnitt werden wir uns die verschiedenen Operatoren und ihre Funktionen ansehen.

Logisch

Betreiber	Beschreibung
&& (logisch und)	wertet wahr aus, wenn beide Operanden Nicht-Null-Werte sind
|| (logisches oder)	wertet wahr aus, wenn einer der beiden Operanden ungleich Null ist
! (logisch nicht)	wertet falsch aus, wenn eine Bedingung wahr ist, weil sie den logischen Zustand des Operanden umkehrt

Arithmetik

Diese werden für mathematische Ausdrücke verwendet, so wie Sie die gleichen Symbole in der Schule verwendet haben:

Betreiber	Beschreibung
+	Addition zur Addition von Werten links oder rechts vom Operator

-	Subtraktion zur Subtraktion des rechten Operanden vom linken
*	Multiplikation zum Multiplizieren von Werten links oder rechts vom Operator
/	Division zur Teilung des linken Operanden durch den rechten Operanden
%	Modulus, der Rest der Division des linken Operanden durch den rechten Operanden
++	Inkrement, um einen Operandenwert um 1 zu erhöhen
--	Dekrement, zum Verringern eines Operandenwertes um 1

Zuweisung

Betreiber	Beschreibung
=	weist den Wert des rechten Operanden dem linken zu
+=	addiert den Wert des rechten Operanden zum linken und weist das Ergebnis dem linken zu

-=	subtrahiert den rechten vom linken Operanden und ordnet das Ergebnis dem linken Operanden zu
*=	multipliziert den rechten mit dem linken Operanden und ordnet das Ergebnis dem linken Operanden zu
/=	dividiert den linken Operanden durch den rechten und ordnet das Ergebnis dem linken Operanden zu
%=	nimmt den Modulus von zwei Operanden und ordnet das Ergebnis der linken Seite zu
<<=	Linksverschiebung und Zuordnung
>>=	Rechtsverschiebung und Zuweisung

Relationale

Es gibt mehrere relationale Operatoren in einer Programmiersprache:

Betreiber	Beschreibung
== (gleich)	prüft, ob die Werte der Operanden gleich sind; wenn ja, wird wahr ausgewertet

!= (nicht gleich)	prüft, ob die Werte der Operanden gleich sind; wenn nicht, wird wahr ausgewertet
> (größer als)	prüft, ob der linke Operand größer ist als der rechte; ist dies der Fall, wird wahr ausgewertet
< (weniger als)	prüft, ob der linke Operand kleiner ist als der rechte; ist dies der Fall, wird wahr ausgewertet
>= (größer als oder gleich)	prüft, ob der linke Operand größer oder gleich dem rechten ist; wenn ja, wird wahr ausgewertet
<= (weniger als oder gleich)	prüft, ob der linke Operand kleiner oder gleich dem rechten ist; ist dies der Fall, wird wahr ausgewertet

Operator Vorrang

In jeder Programmiersprache gibt es eine Rangfolge der Operatoren, die bestimmt, wie Ausdrücke anhand ihrer Variablen ausgewertet werden. Einige Operatoren haben einen höheren Vorrang als andere, z. B. Multiplikation vor Addition. Zum Beispiel:

```
x = 6 + 2 * 3
```

Wenn Sie hier den Wert von x berechnen, können Sie 24 sagen. Da die Multiplikation in der Rangfolge höher steht, wird der Prozessor oder Compiler dies als 2*3 berechnen und dann die 6 addieren. Hier sind die Operatoren in der Reihenfolge ihres Vorrangs vom höchsten zum niedrigsten.

In jedem Ausdruck werden die Operatoren mit dem höchsten Vorrang als erstes ausgewertet:

Kategorie	Operator	Assoziativität
Postfix	>() [] . (Punkt-Operator)	Von links nach rechts
Unär	>++ - - ! ~	Von rechts nach links
Multiplikativ	>* /	Von links nach rechts
Zusatzstoffe	>+ -	Von links nach rechts
Umschalten	>>> >>> <<	Von links nach rechts
Relationale	>> >= < <=	Von links nach rechts
Gleichheit	>== !=	Von links nach rechts
Logisches UND	>&&	Von links nach rechts
Logisches ODER	>||	Von links nach rechts
Bedingt	?:	Von rechts nach links
Zuweisung	>= += -= *= /= %= >>= <<= &= ^= |=	Von rechts nach links

Kapitel Sieben

Arten von Programmiersprachen

Es gibt viele Programmiersprachen, und viele werden für unterschiedliche Zwecke entwickelt. Einige Beispiele sind R und Python. Diese Sprachen werden für den Zweck der Datenanalyse entwickelt. Da inzwischen verschiedene Programmiersprachen zur Verfügung stehen, ist es wichtig, die Vor- und Nachteile der Sprache und ihrer Eigenschaften zu verstehen. Je nach Art der Programmierung, die Sie verwenden möchten, können Sie die Programmiersprachen in verschiedene Typen einteilen. Jedes Jahr werden mehrere Programmiersprachen eingeführt, aber nur einige von ihnen sind heute sehr beliebt. Professionelle Programmierer verwenden sie in ihrer beruflichen Laufbahn.

Sie können Programmiersprachen verwenden, um die Leistung der Maschine und des Computers zu steuern. Wie bereits erwähnt, ist jede Programmiersprache anders, und wir werden uns in diesem Kapitel mit den verschiedenen Arten von Programmiersprachen befassen. Anhand der Informationen in diesem Kapitel können Sie die Art der Programmiersprache bestimmen, die Sie verwenden können.

Definition

Bevor wir uns mit den verschiedenen Arten von Programmiersprachen befassen, sollten wir verstehen, was eine Programmiersprache ist. Eine Programmiersprache wird verwendet, um eine Maschine oder einen Computer zu instruieren, bestimmte Funktionen auszuführen. Manche Programmierer nennen diese Sprachen Notationen. Diese Sprachen werden verwendet, um Algorithmen auszudrücken und die Leistung einer Maschine zu steuern.

Aus diesem Grund können Sie einen Algorithmus mit verschiedenen Programmiersprachen schreiben. Es gibt fast tausend Programmiersprachen, von denen einige häufiger verwendet werden als andere. Diese Sprachen können entweder eine imperative oder eine deklarative Form haben, je nachdem, wie Sie die Sprache verwenden möchten. Man kann das Programm auch in zwei Formen unterteilen - Syntax und Semantik.

Arten von Programmiersprachen

In diesem Abschnitt werden wir uns verschiedene Arten von Programmiersprachen ansehen. Jede Programmiersprache fällt unter eine dieser Kategorien.

Prozedurale Programmiersprache

Diese Art von Programmiersprache wird häufig von Programmierern verwendet, die einen Algorithmus verwenden und die Abfolge von Anweisungen oder Anweisungen definieren, mit denen sie die Maschine instruieren. Bei dieser Art von Sprache werden umfangreiche Schleifen, mehrere Variablen und einige andere Elemente verwendet. Aus diesem Grund unterscheidet sich diese Sprache von der nächsten Art von Programmiersprache - der funktionalen Programmiersprache. Eine prozedurale Programmiersprache kann verwendet werden, um Variablen in Abhängigkeit von den Werten zu steuern, die von einer Methode oder einer Funktion zurückgegeben werden. Die Syntax und die Anweisungen in dieser Art von Sprache können beispielsweise zum Drucken von Informationen verwendet werden.

Funktionale Programmiersprache

Eine funktionale Programmiersprache ist von allen im Computer gespeicherten Daten oder Informationen abhängig und verwendet rekursive Funktionen anstelle von Schleifen. Das Ziel dieser Art von Programmiersprache ist es, nur die Rückgabewerte einer Methode oder Funktion zu verwenden.

Logische Programmiersprache

Diese Art der Programmiersprache ermöglicht es jedem Programmierer oder Entwickler, deklarative Anweisungen zu verwenden. Eine logische Programmiersprache gibt der Maschine die Möglichkeit, die Anweisungen zu verstehen und zu kompilieren, um die erforderlichen Funktionen auszuführen. Wenn Sie diese Art von Programmiersprache verwenden, müssen Sie den Computer nicht anweisen, wie er eine bestimmte Funktion auszuführen hat. Die Sprache verwendet effiziente Algorithmen, die es dem Computer leicht machen, weniger Platz zu verbrauchen. Sie müssen lediglich einige Einschränkungen in Bezug auf die Denkweise der Maschine vornehmen.

Programmiersprachen

Pascal-Sprache

Pascal ist eine Programmiersprache, die die meisten Schüler in der Schule lernen, und nur wenige Unternehmen verwenden diese Programmiersprache noch. Im Gegensatz zu den meisten anderen Sprachen verwendet Pascal keine geschweiften Klammern und Symbole, sondern Schlüsselsätze und Wörter. Aus diesem Grund ist diese Sprache für Anfänger leichter zu erlernen als andere Sprachen wie C und C++. Pascal unterstützt auch die objektorientierte Programmierung durch Delphi. Borland, ein Softwareunternehmen, verwendet ausschließlich diese Sprache.

Fortran-Sprache

Fortran ist eine Sprache, die von den meisten Wissenschaftlern verwendet wird, da sie einfacher zu verwenden ist, um Zahlen zu berechnen. Mit dieser Sprache können Sie Variablen unabhängig von der Speichergröße der Variablen problemlos speichern. Datenwissenschaftler oder Ingenieure verwenden diese Sprache, um Werte zu berechnen oder Vorhersagen mit hoher Genauigkeit zu treffen. Es ist schwierig, Programme in dieser Sprache zu schreiben, und der geschriebene Kern ist manchmal schwer zu verstehen. Daher müssen Sie die Sprache lernen und verstehen, wenn Sie mit ihr programmieren wollen.

Java-Sprache

Java ist eine plattformübergreifende Sprache und wird zur Ausführung verschiedener Netzwerkfunktionen verwendet. Diese Anwendung wird für Java-basierte Webanwendungen verwendet. Da diese Sprache ein Format und eine Syntax hat, die mit C++ vergleichbar sind, können Entwickler diese Sprache verwenden, um Anwendungen für verschiedene Plattformen zu entwickeln. Wenn Sie die C++-Programmierung beherrschen, wird Ihnen Java leicht von der Hand gehen. Java ist auch eine objektorientierte Programmiersprache und kann daher für die Entwicklung verschiedener Produkte und Anwendungen verwendet werden. Die älteren Versionen von Java erlauben es Ihnen nicht, umfangreichen Code zu schreiben, aber die neuesten Versionen haben einige Funktionen, die es einfacher machen, effektive und kürzere Programme zu schreiben.

Sprache Perl

Perl ist eine Sprache, die häufig in Unix-Betriebssystemen verwendet wird. Sie wird häufig zur Verwaltung von Dateien und Verzeichnissen verwendet. Diese Sprache ist vor allem wegen ihrer Common Gateway Interface- oder CGI-Programmierfunktion bekannt. CGI wird verwendet, um die Programme zu definieren, die von Webservern verwendet werden, um zusätzliche Funktionen für verschiedene Websites und Seiten bereitzustellen. Es wird auch verwendet, um nach Text zu suchen und Datenbanken und Serverfunktionen zu überwachen. Es handelt sich um eine einfache Sprache, deren Grundlagen leicht erlernt werden können. Da es sich um eine CGI-Sprache handelt, bevorzugen die meisten Webhosting-

Dienste die Sprache Perl anstelle von C++, da eine Perl-Skriptdatei zahlreiche Websites hosten kann.

PHP-Sprache

Diese Sprache, in erster Linie eine Skriptsprache, wird für die Gestaltung von Webanwendungen und -seiten verwendet. Da diese Sprache zur Entwicklung von Webseiten oder Anwendungen verwendet wird, umfasst sie Funktionen zur Verknüpfung von Websites mit verschiedenen Datenbanken, zur Neuerstellung oder Umstrukturierung einer Website oder zur Erzeugung von HTTP-Headern. Da es sich bei PHP um eine Skriptsprache handelt, enthält es auch eine Reihe von Komponenten, die es dem Entwickler ermöglichen, einige objektorientierte Funktionen zu nutzen. Diese Funktionen erleichtern die Entwicklung von Websites.

LISP-Sprache

Viele Programmierer verwenden diese Sprache, da sie die Möglichkeit bietet, verschiedene Arten von Datenstrukturen wie Listen und Arrays zu speichern. Die Syntax der verwendeten Datenstrukturen ist leicht zu verstehen und einfach. Deshalb kann man mit ihr neue Datenstrukturen erstellen und Funktionen ausführen, die mit anderen Programmiersprachen nicht möglich sind.

Scheme-Sprache

Die Programmiersprache Scheme ist eine Alternative oder ein Ersatz für LISP und hat einfache Eigenschaften. Die in dieser Sprache verwendete Syntax ist leicht zu erlernen. Wenn Sie Programme oder Produkte mit dieser Sprache entwickeln wollen, können Sie sie auch in anderen Sprachen, insbesondere LISP, neu implementieren. Es handelt sich um eine einfache Programmiersprache, die oft nur zur Lösung einfacher Probleme verwendet wird, vor allem solcher, bei denen man sich keine Gedanken über die Syntax der Sprache machen muss.

C++ Sprache

Die Sprache C++ ist eine objektorientierte Programmiersprache, und aus diesem Grund verwenden Programmierer diese Sprache, wenn sie große Anwendungen erstellen müssen. Ein Programmierer kann ein komplexes Programm in kleinere Abschnitte unterteilen, was die Arbeit an kleineren Programmen erleichtert. Da es sich um eine objektorientierte Programmiersprache handelt, können Sie einen Codeblock mehrfach verwenden. Manche sagen, dass diese Sprache effizient ist, aber es gibt auch andere, die dieser Meinung nicht zustimmen.

C Sprache

C ist eine sehr verbreitete Programmiersprache, die fast jeder leicht erlernen und programmieren kann. Die meisten Programmierer bevorzugen diese Sprache, da die Programme schneller laufen. Die Sprache verwendet verschiedene Funktionen, die es Programmierern ermöglichen, effiziente Programme mit den richtigen Algorithmen zu entwickeln. Diese Sprache wird nur deshalb verwendet, weil sie die Nutzung einiger Funktionen von C++ ermöglicht.

In diesem Kapitel haben wir uns verschiedene Programmiersprachen wie Pascal, Fortran, C, C++, Scheme und andere angesehen und gelernt, wie sie verwendet werden können. Wir haben uns auch mit den Unterschieden zwischen diesen Sprachen beschäftigt. Es sind auch viele Sprachen entwickelt worden, die den oben genannten Sprachen ähnlich sind. Sie müssen wissen, welche Sprache für das Programm oder Produkt, das Sie entwickeln, am besten geeignet ist.

Achtes Kapitel

Wichtige Programmiertechniken

Da zahlreiche Programmiersprachen entwickelt werden, ist es schwierig zu bestimmen, welche Sprache die beste ist. Jede Programmiersprache kann aus unterschiedlichen Gründen verwendet werden. Dies sollte jedoch keine Rolle spielen, da die in jeder Sprache verwendete Syntax wichtiger ist. Es ist auch wichtig zu bestimmen, wie Sie an der Lösung des Problems arbeiten. Es geht immer um algorithmisches Denken. Lernen Sie, das Problem in verschiedene Schritte zu zerlegen und schauen Sie, wie Sie diese Probleme lösen können.

Es ist zwar wichtig, die Syntax zu verstehen, aber es ist auch sehr wichtig zu wissen, wie eine Programmiersprache aufgebaut ist. Sie müssen wissen, was die verschiedenen Begriffe bedeuten und wie sie verwendet werden können.

Arrays

Arrays sind Sammlungen von Variablen mit demselben Datentyp. Jedem Element wird ein Index zugewiesen, und es ist am besten, diese Indizes zu verwenden, um die Elemente im Array nachzuschlagen. Sie können zum Beispiel Zufallszahlen erstellen. Wenn Sie also ein zufälliges Element wie den Wochentag suchen, können Sie den Index verwenden, um die Zufallszahl herauszuziehen.

Einige Programmiersprachen unterstützen die Verwendung von Datenstrukturen wie Arrays nicht. Sie können jedoch die Funktionalitäten eines Arrays mit Hilfe von Listen oder Tupeln replizieren. Sie können binäre Bäume in einem Array verwenden, wenn das Array nur spärlich bestückt ist. Das ist zwar unübersichtlich, aber einfacher, wenn Sie verschiedene Datentypen verwenden wollen. Mit JavaScript können Sie den Array-Index als booleschen Operator verwenden, d. h. Sie können verschiedene binäre Ausdrücke zur Auswertung der Bedingung verwenden. Dies erleichtert die Auswahl der Werte, ohne dass bedingte Anweisungen verwendet werden müssen.

Ein Array wird auch als Multivariable bezeichnet, da es Ihnen ermöglicht, verschiedene Variablen desselben Datentyps zusammen zu speichern. Sie können Arrays in Ihrem Programm auf die gleiche Weise deklarieren wie andere Variablen im Programm:

```
float array1[10];
```

Im obigen Beispiel weisen wir ein Array mit der Länge 10 zu, was bedeutet, dass es 10 Werte aufnehmen kann. Mit der folgenden Zeile können Sie Werte definieren oder dem Array hinzufügen:

```
Float array1[] = {53.0, 88.0, 96.7, 93.1,
89.5};
```

Dieses Array enthält fünf Werte des Datentyps float.

- Sie können jedes Element im Array als unabhängige Variable bezeichnen, wenn Sie es in einer Funktion oder einem Modul verwenden. Die Elemente im Array werden als Elemente bezeichnet

- Jedem Element wird eine bestimmte Position zugewiesen, und diese Position wird als Index bezeichnet. Der Index des ersten Elements im Array ist Null, und im obigen Beispiel befindet sich die erste Zahl 53.0 an der Position Null

- Sie können die Werte dem Array auf dieselbe Weise zuweisen, wie Sie es bei regulären Variablen tun

- Jedes Programm hat eine feste Arraygröße, und wenn Sie die Dimension eines Arrays bestimmen, indem Sie dem Array eine Länge zuweisen

Große Programme erstellen

Sie können kleine oder große Programme schreiben. Auch wenn es nicht schadet, große Programme zu schreiben, sollten Sie sich darüber im Klaren sein, dass der Computer einige Zeit braucht, um den Code zu kompilieren. Es wird länger dauern, die Fehler zu erkennen und den Code zu bearbeiten. Das bedeutet, dass das Programm Fehler haben wird, und Sie sollten das akzeptieren.

Wenn Sie große Programme schreiben wollen, sollten Sie versuchen, sie in kleinere Segmente aufzuteilen. Sie können Zeiger verwenden, um die kleineren Segmente zu verbinden und einen Programmablauf zu erstellen. Ein Modul kann beispielsweise Variablen deklarieren, ein anderes kann sie initialisieren, während ein weiteres dazu dienen kann, einige Funktionen mit den Variablen auszuführen und die Ergebnisse anzuzeigen. Dadurch wird es einfacher, das Programm zu debuggen und bei Bedarf Fehler zu identifizieren. Ein weiterer Vorteil dieser Vorgehensweise ist, dass Sie diese kleineren Module in Zukunft verwenden können, was Ihnen hilft, Zeit zu sparen.

Wenn der Compiler die Quellcodedatei ausführt, kann er einen Objektcode erstellen, der mit verschiedenen Bibliotheken der Programmiersprache verknüpft wird. Er erzeugt dann eine Datei, die er problemlos ausführen kann. Auf diese Weise funktioniert die Verknüpfung zwischen dem Compiler und dem Linker. Variablen können in verschiedenen Modulen oder Quellcodes gemeinsam genutzt werden, und eine Reihe von Funktionen kann mit diesen Variablen ausgeführt werden.

Bitweise Logik

Wenn Sie Code mit bitweiser Logik schreiben, können Sie Bits entweder setzen oder löschen. In einigen Programmiersprachen können Sie auch einige Bits in Ihrem Code maskieren. Dies ist ein Grundprinzip der Programmierung, das jeder kennen muss. Sie können zahlreiche Werte zu binären Flags zusammenfassen und diese Flags im Speicher der Maschine ablegen. Das bedeutet, dass der Code keine großen Mengen an Speicherplatz benötigt, um Daten zu speichern. Dies ist eine großartige Methode, um Werte zu kombinieren, die Sie zwischen Methoden und Funktionen als nur ein Argument weitergeben können.

Die Bitwise-Logik kann auch verwendet werden, um verschiedene Werte zwischen Webseiten und anderen Programmen mit Hilfe von Cookies oder Abfragezeichenfolgen zu übergeben. Sie können diese Methode auch als einfache und schnelle Methode zur Konvertierung von Variablen aus dem Denary- in das Binärsystem verwenden. Die bitweise Logik kann auch zum Verschlüsseln von Text verwendet werden.

Boolesche Logik

Wenn Sie verschiedene Werte kombinieren möchten, ist es wichtig, dass Sie sich mit AND, OR, NOT usw. vertraut machen. Diese Operatoren machen es einfacher, Wahrheitstabellen zu erstellen und zu entwickeln. Ein boolescher Operator wird von Programmierern oft und ständig verwendet. Eines der wichtigsten Dinge, die man beachten muss, ist, dass jeder Ausdruck als wahr oder falsch ausgewertet werden muss. Die zu verwendende Syntax hängt von der Sprache ab, in der Sie programmieren möchten.

Schließungen

Closures sind anonyme Funktionen, die auch als Codeblöcke verwendet werden können. Diese Blöcke können außerhalb jeder Methode oder Funktion übergeben werden. Dieser Code fängt alle Variablen aus der Funktion oder dem inneren Block auf. Das klingt vielleicht etwas kompliziert, ist aber anhand eines Beispiels leicht zu verstehen. Im folgenden Beispiel werden wir sehen, wie man Closures in der Programmierung verwendet:

```
func makeIncrementer(forIncrement amount:
Int) -> () -> Int {
    var runningTotal = 0
    func incrementer() -> Int {
        runningTotal += Betrag
        return runningTotal
    }
    Inkrementierer      zurückgeben
}
let incrementByTen =
makeIncrementer(forIncrement: 10)
print("\(incrementByTen())")
print("\(incrementByTen())")
print("\(incrementByTen())")
```

Die Ausgabe des obigen Codes ist 10, 20 und 30. Die Ausgabe ändert sich, da die Funktion makeIncrementer() den Wert 10 als Basis verwendet. Dieser Wert wird dann mit der Funktion incrementbyTen() zur Gesamtsumme addiert. Sie können auch eine andere Inkrementierfunktion erstellen, wenn Sie den Wert um 5 erhöhen möchten.

```
let incrementByFive =
makeIncrementer(forIncrement: 5)
```

Wenn Sie diese Funktion dreimal ausführen, gibt der Compiler 5, 10 und 15 als Ausgabe aus. Die Funktion makeIncrementer() arbeitet hinter den Kulissen und erstellt die Instanz einer Klasse, indem sie die hinzuzufügenden Werte übergibt. Der Vorteil der Verwendung von Closures besteht darin, dass der Code leichter zu verstehen ist. Die kognitive Belastung wird verringert, so dass der Code einfacher zu kompilieren und zu implementieren ist.

Gleichzeitigkeit

Das Konzept der Gleichzeitigkeit unterscheidet sich stark vom parallelen Rechnen. Die Konzepte sind ähnlich, aber der Unterschied besteht darin, dass beim parallelen Rechnen der Code auf verschiedenen Prozessen gleichzeitig ausgeführt wird. Bei der Parallelität kann das Programm in verschiedene Segmente aufgeteilt werden, und jedes Segment wird separat ausgeführt. Dies ist auch dann möglich, wenn das Programm bereits läuft und korrekt funktioniert.

Viele Programmiersprachen verwenden das Konzept des Multithreading, aber es ist besser, das Konzept der Gleichzeitigkeit zu verwenden, um Code zu schreiben. Gleichzeitigkeit sorgt für weniger Fehler im Code. Wenn Sie z. B. in C# programmieren, verwenden Sie die Task Parallel Library oder TPL, um dem Code einige Elemente der Gleichzeitigkeit hinzuzufügen. Bei dieser Methode wird der CLR-Thread-Pool verwendet, um mehrere Prozesse auszuführen, sodass Sie das Programm ausführen können, ohne Threads erstellen zu müssen, was ein sehr kostspieliger Vorgang ist. Sie können verschiedene Aufgaben miteinander verketten und sie gemeinsam ausführen, um die Ergebnisse zu erhalten.

Es ist am besten, asynchronen Code zu verwenden, da er es Ihnen ermöglicht, Programme gleichzeitig auszuführen, ohne die Funktion anderer Codes zu beeinträchtigen. Wenn Sie asynchronen Code verwenden, um einen Webdienst aufzurufen, wird der Code ausgeführt, ohne den Thread zu blockieren. Der Thread kann weiterhin auf andere Anfragen reagieren, während er auf den

Abschluss der ersten paar Anfragen wartet. Im folgenden Beispiel wird gezeigt, wie asynchroner Code und Gleichzeitigkeit zur Ausführung von Funktionen verwendet werden können.

```
öffentlicher asynchroner Task MethodAsync()
{
    Aufgabe longRunningTask =
LongRunningTaskAsync();
    ... ein beliebiger Code hier

    int result = await longRunningTask;
    DoSomething(result);
}

public async Task LongRunningTaskAsync() {
// liefert einen int
    await Task.Delay(1000);
    Rückkehr 1;
}
```

Es kann vorkommen, dass ein Programmierer verschiedene Seiten für den gleichzeitigen Zugriff auf Informationen verwenden möchte. Während der Compiler eine Seite abruft, verarbeitet er sie. Es ist unmöglich zu bestimmen, wie die Seiten verarbeitet werden und in welcher Reihenfolge der Compiler diese Funktion ausführt, da jede Sprache den Prozess der Gleichzeitigkeit verwendet, um diese Aktivität auszuführen.

Entscheidung oder Auswahl

Schreiben Sie niemals ein Programm, das nur eine einzige Aktion ausführt. Es ist wichtig, dass der Code, den Sie schreiben, flexibel ist und bei Bedarf an andere Bedürfnisse angepasst werden kann. Sie müssen also einen Code schreiben, der Benutzereingaben akzeptiert und die Funktionen auf der Grundlage dieser Eingaben ausführt. Verwenden Sie verschiedene Anweisungen, wie z. B. Auswahl- oder if-else-Anweisungen, um eine beliebige Eingabe zu verwenden und eine Funktion oder Aktion auf der Grundlage der Bedingung auszuführen. Sie können auch Listen und Arrays verwenden.

Plattenzugriff

Die meisten Menschen benutzen Computer, um Daten und Informationen zu speichern und in der Zukunft mit diesen Informationen zu arbeiten. Jede Programmiersprache verfügt über eine Reihe von Funktionen, die zum Lesen und Schreiben von Informationen auf und von der Festplatte verwendet werden können. Jedes Programm, das Sie schreiben, wird auf der Festplatte Ihres Computers gespeichert, aber nur, wenn Sie den Code mit dem Befehl file save geschrieben haben.

Unveränderlichkeit

Wenn Sie einige Variablen in Ihrem Code als unveränderlich deklarieren, können Sie sie nicht ändern. In einigen Programmiersprachen können Sie die Unveränderlichkeit einer Variablen durch bestimmte Präfixe festlegen. Sie sollten jedoch sicherstellen, dass Sie keine Abhängigkeiten zu der Variablen haben. Sie können die Deklaration jederzeit ändern, wenn Sie es für nötig halten. Im folgenden Beispiel werden wir uns ansehen, wie man Variablen mit unveränderlichen Eigenschaften deklariert. Wir werden auch einige Felder als unveränderlich deklarieren.

```
class Person {

    let firstName: String
    let lastName: String

    init(first: String, last: String) {
        firstName = erster
        lastName = letzter
    }

    public func toString() -> String {
        return "\(self.firstName)
\(self.lastName)";
    }
}

var man = Person(first: "David", last:
"Bolton")
print( man.toString() )
Die Ausgabe des Codes ist "David Bolton".
```

Wenn Sie den Vor- oder Nachnamen im Code ändern wollen, wird der Compiler einen Fehler ausgeben. Es ist wichtig, unveränderliche Variablen im Code zu verwenden. Durch die Verwendung dieser Variablen optimiert der Compiler die Ausgabe. Der unveränderliche Datentyp wird sich nie ändern, wenn Sie eine Programmiersprache mit mehreren Threads verwenden. Der Wert der Variablen wird von verschiedenen Modulen und Threads gemeinsam genutzt. Wenn Sie den Wert eines unveränderlichen Objekts kopieren wollen, dürfen Sie nur den Verweis auf diese Variable und nicht die Variable selbst kopieren.

Interaktion mit der Kommandozeile

Die Hauptfunktion oder -methode im Code funktioniert sehr unterschiedlich. Sie ist das, worauf sich der Compiler verlässt, wenn er den gesamten Code durchgeht. Jede Funktion im Code kommuniziert mit der Befehlszeile, und dies ist die einzige Möglichkeit, wie der von Ihnen geschriebene Code mit dem Computer kommuniziert. Eine weitere Möglichkeit der Kommunikation besteht darin, dass das Programm die Anweisungen aus der Befehlszeile liest.

Interaktion mit dem Betriebssystem

Jede Programmiersprache ermöglicht es Ihnen, mit dem Betriebssystem zu arbeiten und bestimmte Funktionen auszuführen. Mit diesen Sprachen können Sie neue Verzeichnisse erstellen, Verzeichnisse ändern, Dateien umbenennen, Dateien erstellen, Dateien löschen und andere praktische Aufgaben im Betriebssystem ausführen.

Sie können auch andere Programme mit einem einzigen Programm ausführen. Am einfachsten geht das mit Hilfe von Zeigern. Mit Zeigern können Sie das richtige Programm im Speicher finden. Sie können das Programm auch verwenden, um die Ergebnisse einer vom Betriebssystem ausgeführten Funktion zu untersuchen. Es ist ein einfach zu bedienendes Programm, das mit anderen Programmen interagiert und die Effizienz Ihres Computers überprüft. Wenn Sie wissen, wie man Code hinzufügt, können Sie all diese Funktionen leicht ausführen.

Lambdas

Dieser Ausdruck ist der beste Weg, um eine anonyme Funktion im Code aufzurufen, während das Programm läuft. Ein Lambda ist eine nützliche Methode für Sprachen, die es Ihnen ermöglichen, verschiedene Arten von Funktionen erster Klasse zu unterstützen. Es ist einfach, die Funktion oder jedes andere Modul als Parameter in einer anderen Funktion zu übergeben. Dies bedeutet, dass Sie Funktionen einfach übergeben und bei Bedarf als Funktionen zurückgeben können. Ein Lambda hat seinen Ursprung in verschiedenen funktionalen Sprachen wie C# und Lisp. Die folgende Syntax wird verwendet, um eine Lambda-Funktion zu erstellen:

()-> {code...}

Viele Sprachen, darunter PHP, Swift, Java, JavaScript, Python und VB.NET, unterstützen Lambda-Funktionen. Es ist wichtig zu verstehen, wie Lambda-Funktionen verwendet werden können. Eine Lambda-Funktion kann den Code kürzer und extrem einfach zu verstehen machen. Betrachten wir das folgende Beispiel, in dem wir versuchen, eine Liste der ungeraden Zahlen zu erstellen:

```
    Liste list = new List() { 1, 2, 3, 4, 5,
6, 7, 8 };
    List oddNumbers = list.FindAll(x => (x %
2) != 0);
Die oddNumbers enthalten die Zahlen 1, 3, 5
und 7
```

Schleifen und Wiederholungen

Dies ist eine weitere wichtige Technik, die Sie beim Schreiben von Code berücksichtigen sollten. Die for-Schleife ist die häufigste Art von Schleife oder Wiederholung, die Menschen in ihren Programmen schreiben. Einige Programmierer entscheiden sich auch für die while-Schleife, wenn sie programmieren. Die while-Schleife verkompliziert die Lösung. In den meisten Programmiersprachen verwendet die for-Schleife die Idee, die Anzahl der Iterationen zu zählen. Wie die Iterationen ablaufen und welche Variablen berücksichtigt werden, hängt von der jeweiligen Programmiersprache ab.

Verknüpfte Listen

Die meisten Programmierer schrecken vor der Verwendung von verketteten Listen zurück, da sie etwas schwer zu verstehen sind. Eine verknüpfte Liste ist ein seltsames Konzept, da der Benutzer wissen muss, wie ein Zeiger in einer verknüpften Liste verwendet werden kann und wie dieser Zeiger funktioniert. Verknüpfte Listen kombinieren die Funktionen eines Arrays mit Zeigern und Strukturen. Man kann sagen, dass eine verknüpfte Liste wie ein Array von Strukturen ist. Im Gegensatz zu einer Datenstruktur, wie z. B. einem Array oder einer Liste, kann der Benutzer die Elemente einer verknüpften Liste leicht entfernen.

Modulare Arithmetik

Bei der modularen Arithmetik teilen Sie die Zahl und verwenden verschiedene Operationen, um Ergebnisse zu erhalten. Dies ist der beste Weg, um die Ausgabe einer Methode oder Funktion zu begrenzen. Verschiedene Funktionen der modularen Arithmetik können auch dazu verwendet werden, die Dinge zu verpacken, und genau aus diesem Grund ist diese Technik nützlich. Sie müssen diese Technik gut verstehen, insbesondere wenn Sie sie in Ihrem Code richtig einsetzen wollen.

Wegweiser

Die meisten Programmiersprachen verwenden Zeiger, um verschiedene Variablen im Speicher eines Computers zu manipulieren. Sie fragen sich vielleicht, warum Sie einen Zeiger verwenden sollten, um zu einer bestimmten Stelle in Ihrem Speicher zu navigieren, aber die Verwendung eines Zeigers ermöglicht es Ihnen, den Wert einer beliebigen Variablen mithilfe eines Operators oder einer Funktion zu ändern. Zeiger verleihen Programmiersprachen mehr Macht im Vergleich zu anderen Programmiersprachen. Es braucht etwas Zeit, um zu verstehen, wie man Zeiger verwendet und was man mit Variablen machen kann, die Zeiger verwenden. Sie können Zeiger mit einem Sternchen deklarieren. Sie müssen sicherstellen, dass der Compiler dieses Sternchen nicht mit der Multiplikationsoperation verwechselt. Weisen Sie einen Zeiger zu, bevor Sie ihn verwenden.

Sichere Anrufe

Sir Tony Hoare, ein Informatiker, sagte einmal, dass man niemals eine Null-Referenz in seinen Code einfügen sollte, da dies nur zu Fehlern in der Ausgabe führt. Wenn Sie mit einer Null-Referenz auf eine Variable zugreifen, führt dies zu einer Ausnahme, es sei denn, Sie haben den richtigen Handler dafür vorgesehen. Andernfalls wird das Programm oder das System abstürzen. Am besten verwenden Sie Programmiersprachen mit Ausnahmebehandlungsroutinen, um wiederkehrende Fehler in Ihrem Code zu vermeiden. Einige höhere Programmiersprachen wie C können Null-Zeiger im Code nicht erkennen, was zu Fehlern in der Ausgabe führen kann.

Zahlreiche Programmiersprachen enthalten Sicherheitsprüfungen, die Nullreferenzfehler verhindern. In C# zum Beispiel können Sie Codeblöcke vermeiden, wenn Sie den richtigen Exception-Handler einsetzen. Sie müssen eine Bedingung verwenden, um dem Compiler mitzuteilen, welche Codezeilen vermieden werden sollen. Dadurch wird die Anzahl der Zeilen reduziert, die der Compiler im Code ausführen soll.

Betrachten Sie das folgende Beispiel:

```
int? count = Kunden?[0]?.Aufträge?.Count();
```

Das Symbol '?' weist den Compiler an, den Wert auf Null zu setzen, wenn die im Code definierte Kundenvariable einen Nullwert hat. Andernfalls ruft der Compiler die Funktion Count() auf. Wenn Sie die Funktion verwenden, müssen Sie die Variable so deklarieren, dass sie einen Nullwert enthält, damit es bei der Ausführung des Codes nicht zu einem Fehler kommt.

Skalierung und Zufallszahlen

Die meisten höheren Programmiersprachen verwenden verschiedene Arten von Bibliotheken. Mit diesen Bibliotheken können Sie Zufallszahlen erzeugen. Wenn Sie eine Programmiersprache ohne diese Funktion verwenden, ist es am besten, Ganzzahlen zu verwenden, um verschiedene Methoden und Funktionen auszuführen. Dies ist jedoch nicht zielführend. Daher ist es wichtig zu lernen, wie man Zufallszahlen erhält und die notwendigen Funktionen verwendet, um sie zu skalieren. Durch Skalierung können Sie sicherstellen, dass Formen auf einem Bildschirm immer in der gleichen Größe entweder größer oder kleiner werden.

Zufallszahlen können auch einfach so verwendet werden, vor allem, wenn Sie verschiedene Datenstrukturen verwenden. Wenn man diesen Zahlen ein gewisses Maß an Zufälligkeit hinzufügt, können die Zahlen natürlich aussehen. Wenn Sie z. B. einen Baum oder ein anderes Objekt auf dem Bildschirm zeichnen wollen, können Sie dazu das Rekursionskonzept verwenden. Wenn Sie den Code nicht mit einer gewissen Zufälligkeit versehen, wird das gezeichnete Objekt nicht so aussehen.

Viele Funktionen in verschiedenen Programmiersprachen ermöglichen es, Pseudozufallszahlen zu erzeugen. Diese Zahlen können gleichmäßig innerhalb eines Bereichs verteilt werden. Beachten Sie, dass Sie dies nicht tun müssen.

Streicher

Zeichenketten sind ein gängiger Datentyp, mit dem die meisten Programmierer arbeiten, und dieser wird häufig in Programmen zur Textmanipulation verwendet. Wir werden uns später in diesem Kapitel ansehen, was Textmanipulation ist. Sie können eine Zeichenkette mit Hilfe eines Arrays oder einer anderen Datenstruktur definieren, sie aber als eine Struktur von Zeichen definieren. Zum Beispiel,

```
Char name1[] = "Emma";
```

Mit der obigen Zeile können Sie eine String-Variable namens name1 erstellen, und diese Variable enthält den Wert Emma. Da Sie die Variable als Array definiert haben, wird der Wert als 'E', 'm', 'm' und 'a' gespeichert. Alternativ können Sie den Wert auch in diesem Format schreiben:

```
Char name1[] = { 'E', 'm', 'm', 'a'};
```

Es ist wichtig, die folgenden Punkte in Bezug auf Saiten zu beachten:

- Zur Manipulation von Zeichenketten können verschiedene Funktionen verwendet werden.

- Strings enden mit dem Nullzeichen, das in der Bibliotheksklasse stdio.h definiert ist.

- Sie können Strings mit scanf() oder get() lesen. String-Werte können mit der Funktion printf() angezeigt werden.

- Strings sind Zeichenketten und enden mit dem Nullzeichen.

Strukturen

Jede Programmiersprache verwendet eine Kombination aus verschiedenen Variablen, und Sie können Variablen in verschiedene Datenstrukturen umwandeln. Eine Struktur ist wie ein Datensatz in einer Datenbank, da sie zur gleichzeitigen Beschreibung zahlreicher Entitäten verwendet werden kann. Als Programmierer können Sie bestimmen, wie eine Datenstruktur deklariert und initialisiert werden soll. Betrachten Sie dieses Beispiel:

```
Strukturbeispiel
{
  int a;
char b;
Schwimmer c;
}
```

In der obigen Struktur sehen wir drei Variablen. Jeder Variablen ist
ein bestimmter Datentyp zugewiesen. Mit dieser Funktion können
Sie eine Struktur mit drei Variablen erstellen, aber Sie müssen diese
Variablen nicht unbedingt deklarieren. Wenn Sie die Variablen
deklarieren möchten, müssen Sie die Anzahl der Zeilen in Ihrem
Code erhöhen. Eine Struktur kann auch verwendet werden, um mit
verschiedenen Datenbanken zu arbeiten, je nach der Art der
Programmiersprache, mit der Sie arbeiten. Sie sollten alles über die
verschiedenen Programmiersprachen und Strukturen lernen, vor
allem, wie Sie sie zum Schreiben von Code verwenden sollten.

Textmanipulation

Textmanipulation ist ein Schlüsselkonzept, und die meisten Leute,
die Code schreiben, wollen lernen, wie man Zeichen und
Zeichenketten manipuliert. Sie müssen diese Konzepte gut
verstehen. Wenn Sie wissen, wie man codiert, wissen Sie, dass der
Text im Zahlenformat auf der Grundlage des ASCII-Codes
gespeichert wird. Daher müssen Sie lernen, wie Sie jedes Zeichen in
seinen ASCII-Code umwandeln können und umgekehrt. Sie können
diese Zahl auch verwenden, um zu prüfen, ob die Zeichen groß oder
klein geschrieben werden. Mit Hilfe des ASCII-Codes können Sie
Chiffren mit bitweisem EOR erstellen.

Mit den Funktionen left() und right() können Sie auch Zeichenketten zerlegen oder teilen und so verschiedene Aufgaben erfüllen. Sie können Anagramme erstellen oder die gewünschten Texte auf dem Bildschirm anzeigen. Mit den Funktionen zur Textmanipulation in jeder Programmiersprache können Sie die Groß- und Kleinschreibung eines beliebigen Buchstabens ändern und den Text so formatieren, dass er beim Erstellen des Codes oder Programms auf eine bestimmte Weise aussieht. Auf diese Weise können Sie das Erscheinungsbild Ihres Programms verbessern.

Trigonometrie

Beim Programmieren muss man einige Konzepte verstehen, und das Verständnis der Trigonometrie ist eines der wichtigsten Konzepte überhaupt. Diese Themen werden oft verwendet, wenn Sie Code oder Programme entwickeln, die Animationen verwenden. Trigonometrie ist eines der wichtigsten Konzepte, das Programmierer bei der Entwicklung von Code verwenden. Die Verwendung von Sinus- und Kosinusfunktionen erleichtert es, eine kreisförmige Bewegung zu erzeugen, Muster und Kreise zu zeichnen, das perfekte Layout für Objekte auf einer Website zu finden oder sogar die richtigen Winkel und Richtungen zu bestimmen, in die sich die Objekte drehen müssen. Es ist schwierig, verschiedene trigonometrische Funktionen zu berechnen, aber sie verbessern die Effizienz von Programmen.

Variablen

Das Ziel jeder geschriebenen Methode oder Funktion ist es, ein Ergebnis oder eine Ausgabe zu erhalten. Wenn Sie nicht die richtigen Variablen im Code verwenden, erhalten Sie auch nicht die richtige

Ausgabe. Die Programme, die Sie entwickeln, können auch für Sie nutzlos sein. Wie würden Sie sich zum Beispiel fühlen, wenn Sie ein Programm entwickeln, um die Ausgabe einer mathematischen Funktion zu erhalten, aber die Ausgabe nicht erhalten, weil Sie eine Variable im Code vergessen haben? Aus diesem Grund müssen Sie Variablen in den Code aufnehmen. Dies sind die wichtigsten Aspekte einer jeden Programmiersprache. Die Variablen, die Sie im Code verwenden, ihr Typ und die Methode, mit der die Variablen deklariert und initialisiert werden, unterscheiden sich von Programmiersprache zu Programmiersprache.

Neuntes Kapitel

Testen des Programms

S o wie wir Algorithmen analysieren, um zu sehen, ob sie effektiv sind, ist es wichtig, jeden von Ihnen geschriebenen Code zu testen. Für diese Tests können verschiedene Tests und Parameter verwendet werden. Es ist wichtig, sich an den TBB-Ansatz oder den Ansatz der testgetriebenen Entwicklung zu halten, wenn Sie den Code bewerten wollen.

Gesetze der TTD

Die folgenden Regeln müssen beachtet werden, wenn Sie einen TTD-Test für den von Ihnen geschriebenen Code durchführen wollen:

1. Sie sollten einen Prototyp des Codes erstellen und den Testcode schreiben. Führen Sie diesen Code aus und kompilieren Sie ihn, um zu sehen, ob er gut funktioniert. Sie müssen dies tun, bevor Sie den Produktionscode schreiben

2. Stellen Sie sicher, dass Sie keinen sehr umfangreichen Code schreiben, da der Test sonst fehlschlagen könnte. Verwenden

Sie kleinere Codesegmente als Testcode, damit es einfacher wird, den Code zu korrigieren.

3. Bei Fehlern den Testcode umschreiben, den Code kompilieren und dann den Produktionscode schreiben

Wenn Sie Tests mit dem Code durchführen, schreiben Sie gleichzeitig den Produktionscode, um sicherzustellen, dass der von Ihnen geschriebene Code korrekt ist.

Die Tests sauber halten

Stellen Sie sicher, dass die von Ihnen durchgeführten Tests fehlerfrei sind. Wenn Sie einen Testcode haben, der voller Fehler ist, sollten Sie diesen Test nicht durchführen, da er für Sie nutzlos ist. Denken Sie daran, dass der Testcode so oft geändert werden sollte, wie der Produktionscode sich ändert. Wenn die Tests schmutzig sind, wird es schwer sein, sie zu ändern. Sie müssen den Test auf die richtige Weise entwerfen. Sie müssen sorgfältig vorgehen und den Prozess gut durchdenken. Stellen Sie sicher, dass der Testcode sauber ist und eine Nachbildung des Produktionscodes darstellt.

Testen der Fähigkeiten des Codes

- Unabhängig davon, wie flexibel die Architektur oder der Code ist, wenn Sie nicht alle Tests durchführen und sicherstellen, dass der Code gut funktioniert, können Sie den Code nicht ändern. Das ist wichtig, wenn Sie Fehler im Produktionscode vermeiden wollen

- Der Unit-Test stellt sicher, dass der Code wartbar, wiederverwendbar und flexibel ist. Nehmen Sie nur dann Änderungen am Code vor, wenn Sie einige Tests durchführen können, um die Änderungen zu bewerten. Wenn Sie keine Tests haben, debuggen Sie den Code jedes Mal, wenn Sie eine Änderung vornehmen

Saubere Tests

Stellen Sie sicher, dass jeder Test, den Sie durchführen, die folgenden Eigenschaften aufweist:

Lesbarkeit

Dies ist ein wichtiger Aspekt, den Sie beim Schreiben von Testcode berücksichtigen müssen. Stellen Sie sicher, dass der Code alle relevanten Attribute enthält und für jeden leicht zu lesen ist. Der Code sollte außerdem einfache Variablen und Funktionen verwenden und alles, was getestet werden muss, im Code definieren.

Sprache prüfen

Es ist wichtig, die Funktionen und Dienstprogramme in spezialisierten APIs zu bewerten, die vom Testcode verwendet werden. Sie erleichtern das Verständnis des Testcodes und des Zwecks hinter jeder Codezeile.

Doppelter Standard

Beim Schreiben des Test- oder Produktionscodes müssen Sie einige Dinge berücksichtigen. Vielleicht wollen Sie diese Dinge nicht im Produktionscode ausprobieren, aber Sie werden sie im Testcode ausprobieren. Dadurch wird sichergestellt, dass der von Ihnen geschriebene Produktionscode brauchbar ist.

Behauptungen

Jeder Testcode, den Sie schreiben, muss eine Behauptung enthalten. Dies kann zu einer gewissen Duplizierung im Code führen, aber Sie können die Vorlagenmethode festlegen und diese als Basisklasse belassen. Außerdem müssen Sie die Assertions in verschiedenen Tests verwenden. Daher müssen Sie bei der Ausführung eines Tests mindestens eine Assertion einfügen.

Merkmale der Tests

Dieser Abschnitt befasst sich mit den verschiedenen Aspekten, die Sie berücksichtigen müssen, wenn Sie einen Test des Codes durchführen.

Selbstvalidierung

Jeder Test sollte eine boolesche Ausgabe haben, mit deren Hilfe Sie feststellen können, ob der Test so funktioniert, wie er sollte. Stellen Sie sicher, dass ein Benutzer nicht durch das Protokoll gehen muss, um Ihren geschriebenen Code zu überprüfen.

Unabhängig

Keiner der Tests, die Sie durchführen, sollte von einem anderen abhängig sein. Führen Sie die Tests in verschiedenen Reihenfolgen aus, um sicherzustellen, dass der Code unabhängig von der Art der Umgebung funktioniert, in der er sich befindet.

Rechtzeitig

Stellen Sie sicher, dass die von Ihnen geschriebenen Tests in wenigen Sekunden kompiliert werden können. Schreiben Sie den Testcode, bevor Sie den Produktionscode schreiben. Auf diese Weise können Sie den Produktionscode optimieren und ohne Fehler ausführen. Wenn Sie mit dem Schreiben von Tests beginnen, nachdem Sie den Produktionscode geschrieben haben, können Sie den Produktionscode nicht aktualisieren, so dass er keine Fehler aufweist.

Wiederholbar

Sie sollten versuchen, jeden Test, den Sie durchführen, in jeder Umgebung zu wiederholen. Wenn Sie einen Testcode schreiben, dieser aber in anderen Umgebungen nicht gut funktioniert, müssen Sie herausfinden, warum er nicht funktioniert.

Schnell

Stellen Sie sicher, dass jeder Test, den Sie durchführen, schnell ist. Wenn der Test langsam ist, sollten Sie ihn nicht häufig durchführen, weil er zu viel Zeit in Anspruch nimmt. Ein langsamer Test hilft Ihnen möglicherweise nicht dabei, Probleme in Ihrem Code zu erkennen.

Denken Sie daran, dass der Code verrottet, wenn Ihre Tests verrotten.

Zehntes Kapitel

Sortier- und Suchalgorithmen

Dieses Kapitel befasst sich mit den verschiedenen Sortier- und Suchalgorithmen. Da C eine der einfacheren Programmiersprachen ist, werden wir uns mit der Implementierung dieser Algorithmen in dieser Sprache beschäftigen.

Algorithmen für die Suche

Wie der Name schon sagt, findet ein Suchalgorithmus ein Element in einer beliebigen Datenstruktur und ruft das Element und seine Position aus dieser Struktur ab. Es gibt zwei Arten von Suchalgorithmen:

Arten von SuchalgorithmenSequentielle Suche

Bei einer sequentiellen Suche durchläuft der Algorithmus die Datenstruktur sequentiell, um das Zielelement zu finden. Dabei wird jedes Element des Datensatzes durchsucht. Ein Beispiel für diesen Algorithmus ist der lineare Suchalgorithmus.

Intervall-Suche

Ein Intervall-Suchalgorithmus sucht nach dem Element in einer sortierten Datenstruktur. Das bedeutet, dass Sie zuerst einen Sortieralgorithmus auf die Datenstruktur anwenden müssen, bevor Sie eine Intervallsuche durchführen. Diese Art von Suchalgorithmus ist effektiv, da er nach dem Ziel in der Mitte der Struktur sucht. Ein Beispiel für diese Art von Algorithmus ist der binäre Suchalgorithmus, auf den wir später in diesem Buch noch näher eingehen werden.

Lineare Suche vs. Binäre Suche

Bei einer linearen Suche müssen Sie das Array nicht sortieren, und es wird jedes Element im Array durchsucht, um das Element zu finden. Es wird auch kein Element im Array ausgeschlossen. Das bedeutet, dass die Zeit, die der Compiler für die Suche nach einem Element benötigt, direkt proportional zur Anzahl der Elemente in der Datenstruktur ist. Beispielsweise benötigt der Algorithmus weniger Zeit für die Suche nach einem Element, wenn das Array nur 5 Elemente enthält, aber mehr Zeit, wenn das Array 15 Elemente enthält. Andererseits verkürzt eine binäre Suche die Zeit, die für die Suche nach einem Element im Array benötigt wird. Wir werden diese Algorithmen im nächsten Abschnitt dieses Kapitels genauer betrachten.

Wichtige Unterschiede

- Sie sollten das Array sortieren, bevor Sie den binären Suchalgorithmus verwenden, aber dies ist für einen linearen Suchalgorithmus nicht erforderlich

- Die lineare Suche folgt dem sequentiellen Prozess, während der binäre Suchalgorithmus die Daten zufällig durchsucht

- Der binäre Suchalgorithmus führt Vergleiche auf der Grundlage des Segments durch, während die lineare Suche einen Gleichheitsvergleich vornimmt

Lineare Suche

Anhand des folgenden Beispiels werden wir verstehen, wie eine lineare Suche in einer Matrix durchgeführt werden kann. In dem Problem wird ein Array betrachtet und eine Funktion verwendet, um das Element im Array zu finden. Da der lineare Suchalgorithmus jedes Element im Array überprüft, durchläuft er die gesamte Datenstruktur. Aus diesem Grund ist dieser Suchalgorithmus nicht effizient.

Um z. B. das Element 16 in einem Array zu finden, geht der Algorithmus jedes Element durch, um es zu finden.

```
Array1[] = {1, 4, 16, 5, 19, 10}
Leistung: 16
```

Sie gibt auch den Index der Nummer zurück.

Nehmen wir an, dass die Zahl nicht in der Matrix vorhanden ist. Was glauben Sie, wird dann passieren? Lassen Sie uns nach der Zahl 45 suchen.

```
Ausgang: -1
```

Um einen linearen Suchalgorithmus durchzuführen, gehen Sie wie folgt vor:

- Definieren Sie das Array und fügen Sie ihm Zahlen hinzu

- Identifizieren Sie das Element, nach dem Sie suchen möchten

- Beginnen Sie mit dem am weitesten links im Array befindlichen Element

- Vergleichen Sie das Zielelement mit jedem der Elemente im Array

- Wenn das Zielelement mit dem Element im Array übereinstimmt, wird der Index zurückgegeben

Wenn das Zielelement nicht vorhanden ist, wird - **1Implementierung** zurückgegeben.

```
#include <stdio.h>
int search(int arr[], int n, int x)
{
    int i;
    for (i = 0; i < n; i++)
        wenn (arr[i] == x)
            Rückgabe i;
    Rückgabe -1;
}

int main(void)
{
    int arr[] = { 2, 3, 4, 10, 40 };
    int x = 10;
    int n = sizeof(arr) / sizeof(arr[0]);
    int result = search(arr, n, x);
    (Ergebnis == -1) ? printf("Element ist
in Array nicht vorhanden")
                    : printf("Element ist bei
Index %d vorhanden",
```

```
                                    Ergebnis);
    0 zurückgeben;
}
```

Binäre Suche

Der binäre Suchalgorithmus funktioniert nicht gut mit unsortierten Informationen. Das bedeutet, dass Sie zunächst den Sortieralgorithmus verwenden sollten, um die Daten zu bereinigen und die Informationen in einem Array zu speichern. Anschließend sollten Sie eine Funktion schreiben, um das gesuchte Element in dem Array zu finden. Ein binärer Suchalgorithmus unterteilt das Array in Segmente und führt eine lineare Suche in den Segmenten durch, um das gewünschte Element zu finden. Eine lineare Suche ist einfacher, aber eine binäre Suche ist effizienter.

Dieser Algorithmus ignoriert die anderen Elemente im Array, nachdem er einen Vergleich durchgeführt hat. Führen Sie die folgenden Schritte aus, um eine binäre Suche in den Array-Elementen durchzuführen:

1. Definieren Sie das Array und listen Sie die Elemente des Arrays auf. Listen Sie das Element auf, nach dem Sie suchen möchten

2. Sortieren Sie die Elemente im Array. Vergleichen Sie nun das Zielelement mit dem mittleren Element

3. Wenn das Element dasselbe ist, wird der Index oder die Position des Elements zurückgegeben.

4. Wenn das Zielelement größer als das mittlere Element ist, befindet es sich im Abschnitt rechts vom mittleren Element.

Ist es kleiner als das mittlere Element, befindet es sich in dem Abschnitt links vom mittleren Element.

5. Führen Sie die Schritte von 2 - 4 mit dem linken oder rechten Teil des Arrays durch

6. Andernfalls prüfen Sie die andere Hälfte

7. Beenden Sie die Suche

Umsetzung

```
#include <stdio.h>
// Dieses Programm ist ein Beispiel für eine
rekursive binäre Suchfunktion. Es gibt die
Position von x in dem angegebenen Array
arr[l..r] zurück, wenn das Element vorhanden
ist. Andernfalls gibt es den Wert -1 zurück.
int binarySearch(int arr[], int l, int r,
int x)
{
    wenn (r >= l) {
        int mid = l + (r - l) / 2;
        // Wenn das Element dasselbe ist wie
das Element in der Mitte des Arrays, wird
der Index des mittleren Elements
zurückgegeben
        if (arr[mid] == x)
        return mid;


        // Wenn ein Element kleiner ist als
das mittlere Element, dann ist das Element
nur im linken Teil des Arrays vorhanden. Wir
werden nun eine Suche in diesem Bereich
durchführen
        if (arr[mid] > x)
```

```
        return binarySearch(arr, l, mid
- 1, x);

        // Andernfalls kann das Element nur
im rechten Teil des Arrays vorhanden sein
        return binarySearch(arr, mid + 1, r,
x);
    }

    // Hierher gelangen wir, wenn das
Element nicht im Array selbst vorhanden ist
    Rückgabe -1;
}
int main(void)
{
    int arr[] = { 2, 3, 4, 10, 40 };
    int n = sizeof(arr) / sizeof(arr[0]);
    int x = 10;
    int result = binarySearch(arr, 0, n - 1,
x);
    (Ergebnis == -1) ? printf("Element ist
in Array nicht vorhanden")
                    : printf("Element ist bei
Index %d vorhanden",
                    Ergebnis);
    0 zurückgeben;
}
```

Schauen wir uns nun an, wie wir den binären Suchalgorithmus mit Hilfe der iterativen und rekursiven Methoden implementieren können. Zuvor ist es wichtig, die Zeitkomplexität eines binären Suchalgorithmus zu verstehen, insbesondere um sicherzustellen, dass die Maschine nicht unnötig viel Zeit mit dem Kompilieren verbringt. Die zu verwendende Formel lautet: $T(n) = T(n/2) + c$. Um die Rekursion im Code zu entfernen, verwenden Sie eine Rekursions- oder Masterbaummethode.

Rekursive Implementierung

```cpp
// Implementierung der rekursiven binären
Suche mit C++
#include <bits/stdc++.h>
using namespace std;

// In diesem Code verwenden wir eine
rekursive binäre Suchfunktion. Sie liefert
die Position der Variablen x in einem
gegebenen Array arr[l..r] ist vorhanden.
// sonst wird der Wert -1 zurückgegeben
int binarySearch(int arr[], int l, int r,
int x)
{
    wenn (r >= l) {
        int mid = l + (r - l) / 2;

        // Wenn sich das Element in der
Mitte des Arrays befindet
        if (arr[mid] == x)
            return mid;

        // Wenn das Element kleiner als die
Mitte ist, bedeutet dies, dass das Element
im linken Subarray vorhanden ist.
        if (arr[mid] > x)
            return binarySearch(arr, l, mid
- 1, x);

        // Andernfalls kann das Element nur
im anderen Abschnitt des Arrays vorhanden
sein
```

```cpp
        return binarySearch(arr, mid + 1, r,
x);
    }

    // Wenn das Element nicht im Array
vorhanden ist, gelangt der Compiler zu
diesem Punkt
    Rückgabe -1;
}

int main(void)
{
    int arr[] = { 2, 3, 4, 10, 40 };
    int x = 10;
    int n = sizeof(arr) / sizeof(arr[0]);
    int result = binarySearch(arr, 0, n - 1,
x);
    (Ergebnis == -1) ? cout << "Element ist
nicht in Array vorhanden"
                    : cout << "Element ist
vorhanden bei Index " << Ergebnis;
    0 zurückgeben;
}
```
Die Ausgabe des Codes ist: 'Element ist bei
Index 3 vorhanden'.

Iterative Umsetzung

```cpp
// Implementierung der rekursiven binären
Suche mit C++
#include <bits/stdc++.h>
using namespace std;

// In diesem Code verwenden wir eine
rekursive binäre Suchfunktion. Sie liefert
die Position der Variablen x in einem
gegebenen Array arr[l..r] ist vorhanden.
```

```c
// sonst wird der Wert -1 zurückgegeben
int binarySearch(int arr[], int l, int r,
int x)
{
    while (l <= r) {
        int m = l + (r - l) / 2;

        // Prüfen, ob x in der Mitte
vorhanden ist
        if (arr[m] == x)
            zurück m;

        // Wenn x größer, linke Hälfte des
Arrays ignorieren
        if (arr[m] < x)
            l = m + 1;

        // Wenn x kleiner ist, rechte Hälfte
des Feldes ignorieren
        sonst
            r = m - 1;
    }

    // Wenn der Compiler das Element im
Array nicht findet, gelangt er zu diesem
Schritt
    Rückgabe -1;
}

int main(void)
{
    int arr[] = { 2, 3, 4, 10, 40 };
    int x = 10;
    int n = sizeof(arr) / sizeof(arr[0]);
    int result = binarySearch(arr, 0, n - 1,
x);
```

```
    (Ergebnis == -1) ? cout << "Element ist
nicht in Array vorhanden"
                    : cout << "Element ist
vorhanden bei Index " << Ergebnis;
    0 zurückgeben;
}
```

Die Ausgabe des Codes ist: 'Element ist bei Index 3 vorhanden'.

Suche überspringen

Dieser Algorithmus entspricht dem binären Suchalgorithmus. Er sucht nach dem Element, das Sie in der Matrix finden möchten. Beachten Sie, dass der Sprung-Suchalgorithmus wie der binäre Suchalgorithmus nur funktioniert, wenn die Matrix sortiert ist. Das Ziel dieses Algorithmus ist es, das Element in einem kleineren Abschnitt des Arrays zu suchen. Das bedeutet, dass der Compiler einige Elemente im Array überspringt, um im Algorithmus zu einem anderen Abschnitt zu springen.

Schauen wir uns ein Beispiel an, um dieses Konzept besser zu verstehen. Nehmen wir an, Sie haben ein Array mit 'n' Elementen darin erstellt. Sie können dem Compiler mitteilen, dass er ein paar Schritte vorwärts springen soll. Wenn Sie das gesuchte Element im Array suchen wollen, beginnen Sie mit der Suche an den folgenden Indizes a[0], a[m], a[2m], ... a[km]. Die lineare Suche beginnt, wenn der Compiler das Intervall findet, in dem das Element vorhanden sein könnte.

Betrachten Sie die folgende Matrix: (0, 1, 1, 2, 3, 5, 8, 13, 21, 34, 55, 89, 144, 233, 377, 610). Dieses Array besteht aus 16 Elementen. Jetzt geben wir dem Compiler an, dass er nach 55 im Array suchen soll, und wir sagen ihm, dass er den Code in vier Unterabschnitte aufteilen soll. Dies bedeutet, dass der Compiler jedes Mal um vier Elemente weitergehen wird.

Schritt 1: Der Compiler geht vom Index 0 bis 2.

Schritt 2: Der Compiler geht von 3 nach 13.

Schritt 3: Der Compiler springt von 21 auf 89.

Schritt 4: Das Element an Position 12 ist größer als 55, also gehen wir zum Anfang des Blocks zurück.

Schritt 5: Der lineare Suchalgorithmus setzt ein und sucht nach dem Index des Elements.

Optimale Blockgröße

Wenn Sie den Sprung-Suchalgorithmus verwenden, wählen Sie die richtige Blockgröße, damit der Compiler nicht auf zu viele Probleme im Algorithmus stößt. In einigen Fällen müssen Sie möglicherweise die gesamte Liste durchlaufen, aber das hängt nur davon ab, wo sich das Element befindet und wie gut Sie den Code optimieren. Manchmal müssen Sie m-1 Vergleiche durchführen, wenn der lineare Suchalgorithmus einsetzt. Dies ist der ungünstigste Fall und bedeutet, dass die Anzahl der Sprünge ((n/m) + m-1) beträgt. Der Wert dieser Funktion ist minimal, wenn der Wert des Elements "m" die Quadratwurzel aus n ist. m = $\sqrt{n}$ ist also die Anzahl der Schritte, die der Compiler ausführen muss.

```
// So implementieren Sie Jump Search mit C++
#include <bits/stdc++.h>
```

```cpp
using namespace std;

int jumpSearch(int arr[], int x, int n)
{
    // Ermittlung der zu überspringenden
Blockgröße
    int step = sqrt(n);

    // Suche nach dem Block, in dem sich das
Element befindet
    // vorhanden (falls vorhanden)
    int prev = 0;
    while (arr[min(step, n)-1] < x)
    {
        prev = step;
        Schritt += sqrt(n);
        if (prev >= n)
            Rückgabe -1;
    }

    // Lineare Suche nach x im Block
    // beginnend mit prev.
    while (arr[prev] < x)
    {
        prev++;

        // Wenn wir den nächsten Block oder
das Ende von
        // Array, Element ist nicht
vorhanden.
        if (prev == min(step, n))
            Rückgabe -1;
    }
    // Wenn Element gefunden wird
    if (arr[prev] == x)
        zurückkehren prev;
```

```
    Rückgabe -1;
}

// Treiberprogramm zum Testen der Funktion
int main()
{
    int arr[] = { 0, 1, 1, 2, 3, 5, 8, 13,
21,
                  34, 55, 89, 144, 233, 377,
610 };
    int x = 55;
    int n = sizeof(arr) / sizeof(arr[0]);

    // Suche nach dem Index von 'x' mittels
Sprungsuche
    int index = jumpSearch(arr, x, n);

    // Druckt den Index, an dem sich 'x'
befindet
    count << "\nNumber " << x << " ist bei
Index " << index;
    0 zurückgeben;
}
Die Ausgabe dieses Codes: Nummer 55 steht
bei Index 10
```

Die folgenden Punkte sind zu beachten, wenn Sie einen Algorithmus schreiben:

- Sie müssen die Elemente im Array sortieren, bevor Sie den Algorithmus verwenden

- Die optimale Länge, die der Compiler durchlaufen muss, beträgt $\sqrt{n}$. Daher ist die Zeitkomplexität dieses Algorithmus

O ($\sqrt{n}$). Dies zeigt, dass die binäre Suche und der lineare Suchalgorithmus zusammen durchgeführt werden, um sicherzustellen, dass der Algorithmus nicht zu komplex ist

- Der Sprung-Suchalgorithmus ist in Bezug auf die Effizienz nicht so gut wie der binäre Suchalgorithmus, aber er ist besser als dieser, da der Compiler nur einmal durch das Array geht. Wenn der binäre Suchalgorithmus zu speicher- und zeitaufwendig ist, verwenden Sie stattdessen den Sprungsuchalgorithmus

Sortieralgorithmen

Sie können verschiedene Sortieralgorithmen verwenden, um eine gegebene Liste von Elementen oder ein Array auf der Grundlage des bei der Definition des Algorithmus verwendeten Vergleichsoperators anzuordnen. Dieser Vergleichsoperator entscheidet über die Reihenfolge der Elemente in der neuen Datenstruktur.

Terminologie der Sortierung

Bevor wir uns die verschiedenen Sortieralgorithmen ansehen, die Sie in der Programmierung verwenden können, werden wir einige Begriffe definieren, die Sie verstehen müssen, bevor Sie mit Sortieralgorithmen arbeiten.

Externe und interne Sortierung

Der externe Sortieralgorithmus beansprucht nicht viel Speicherplatz. Die Elemente im Array werden nicht in den Speicher geladen, und daher wird dieser Sortiermechanismus häufig zum Sortieren großer Datenmengen verwendet. Ein Beispiel für einen externen

Sortieralgorithmus ist die Mischsortierung, auf die wir später in diesem Buch noch näher eingehen werden. Im Gegensatz zum externen Sortieralgorithmus verbraucht ein interner Sortieralgorithmus viel Platz im Speicher.

In-Place-Sortierung

Wenn Sie nur eine bestimmte Eingabe ändern oder die Elemente in der Eingabe neu anordnen möchten, können Sie einen Algorithmus für das Sortieren an Ort und Stelle verwenden. Dieser Algorithmus sortiert nur die Liste der Elemente im Array, indem er die Reihenfolge der Elemente innerhalb derselben Liste ändert. Sie können zum Beispiel die Algorithmen Auswahlsortierung und Einfügesortierung verwenden, um eine Liste von Elementen zu sortieren. Zusammenführungssortierung und andere Sortieralgorithmen sind keine Algorithmen für die Sortierung an Ort und Stelle.

Stabilität

Wenn Sie mehrere Schlüssel im Datensatz haben, sollten Sie die Stabilität des Algorithmus, den Sie verwenden möchten, berücksichtigen. Entfernen Sie zum Beispiel Duplikate aus Ihrer Liste, wenn Sie einige Namen in dem Algorithmus haben, den Sie als Schlüssel verwenden. Daher ist es sinnvoll, die Informationen in der Datenstruktur nach diesen Schlüsseln zu sortieren.

Was ist Stabilität?

Bei doppelten Schlüsseln in einer Liste sollte der Sortieralgorithmus sicherstellen, dass diese Schlüssel in der gleichen Reihenfolge erscheinen, wenn Sie die Ausgabe sortieren. Nur wenn dies der Fall ist, gilt ein Sortieralgorithmus als stabil. Wenn Sie dies mathematisch definieren wollen:

Die Anordnung der Elemente sei als A definiert. Wir definieren die strenge schwache Ordnung als '<' für die Elemente in der Anordnung. Der Sortieralgorithmus wird dann stabil sein, wenn:

```
i<j und A(i) = A (j) impliziert C(i) < C(j)
```

Wenn C. die Sortierpermutation bezeichnet, bedeutet dies, dass der Sortieralgorithmus das Element bei A(i) nach C(i) verschiebt. Mit einfachen Worten kann man die Stabilität eines Sortieralgorithmus auf der Grundlage der relativen Position der Variablen im Algorithmus definieren.

Betrachtung einfacher Arrays

Wenn Sie eine Liste von Elementen haben, bei der ein einziges Element der Schlüssel ist, ist die Stabilität des Algorithmus kein Problem. Die Stabilität eines Algorithmus ist auch dann kein Problem, wenn die Schlüssel alle unterschiedlich sind.

Betrachten wir den folgenden Datensatz, in dem wir die Namen der Schüler und ihre Abteilungen haben.

```
(John, A)
(Betty, C)
(Jane, C)
(David, B)
(Erica, B)
```

Wenn Sie den Algorithmus anweisen, die Daten nur nach dem Namen zu sortieren, wird die resultierende Ausgabe eine nicht vollständig sortierte Liste enthalten.

```
(Betty, C)
(Erica, B)
(David, B)
(Jane, C)
(John, A)
```

In diesem Fall müssen Sie den Algorithmus also möglicherweise auch nach dem Abschnitt sortieren. Wenn der Sortieralgorithmus nicht stabil ist, erhalten Sie das folgende Ergebnis:

```
(John, A)
(David, B)
 (Erica, B)
 (Jane, C)
 (Betty, C)
```

Wenn Sie sich die Ausgabe ansehen, wissen Sie, dass der Datensatz nach den Abschnitten und nicht nach den Namen sortiert ist. Wenn Sie sich die Reihenfolge der Elemente ansehen, werden Sie feststellen, dass die Relativität im Sortieralgorithmus verloren gegangen ist. Wenn Sie einen stabilen Sortieralgorithmus haben, sieht Ihre Ausgabe wie folgt aus:

```
(John, A)
(David, B)
(Erica, B)
(Betty, C)
(Jane, C)
```

Wenn Sie sich die obige Ausgabe ansehen, können Sie erkennen, dass die relative Reihenfolge zwischen den Tupeln beibehalten wird. Es könnte der Fall sein, dass die Reihenfolge auch bei einem instabilen Sortieralgorithmus beibehalten wird, aber das ist sehr unwahrscheinlich.

Stabile Sortieralgorithmen

Einige stabile Algorithmen sind:

1. Zählen Sortieren

2. Zusammenführen sortieren

3. Einfügen Sortieren

4. Blase sortieren

Sortieralgorithmen wie Einfügen und Zusammenführen sortieren die Daten anhand der folgenden Parameter: Das Element A(i) kommt vor A(j), wenn A(i)<A(j), wobei i und j die Indizes bezeichnen. Die relative Reihenfolge der Elemente im Array bleibt erhalten, da i<j. Wie die Zählsortierung sorgen auch andere Sortieralgorithmen für Stabilität im Algorithmus, indem sie den Datensatz in umgekehrter Reihenfolge sortieren, so dass die Elemente dieselbe relative Position haben. Die Radix-Sortierung, ein weiterer stabiler Sortieralgorithmus, hängt von einer anderen durchgeführten Sortierung ab, wobei die einzige Voraussetzung darin besteht, dass die erste Sortierung stabil sein muss.

Instabile Sortieralgorithmen

Heapsort, Quick Sort usw. sind einige instabile Sortieralgorithmen, die jedoch stabilisiert werden können, indem man die relative Position der Elemente berücksichtigt. Sie können diese Änderung vornehmen, ohne die Leistung des Algorithmus zu beeinträchtigen.

Gemeinsame Algorithmen

Schnelles Sortieren

Dieser Algorithmus verwendet das Konzept des Divide-and-Conquer-Algorithmus. Er wählt die Elemente in einem Array aus und unterteilt sie in Segmente. Dann wählt er ein Element aus dem Array als Drehpunkt und teilt das Array auf der Grundlage des Drehpunkts in Segmente auf. Sie können eine schnelle Sortierung mit einer der folgenden Methoden durchführen:

1. Wählen Sie den Median der Elemente als Drehpunkt

2. Wählen Sie das letzte Element im Array als Drehpunkt

3. Wählen Sie ein beliebiges Element als Drehpunkt

4. Wählen Sie das erste Element im Array als Drehpunkt

Der wichtigste Teil dieses Prozesses ist die Partitions- oder Nutzenfunktion. Das Ziel dieser Funktion ist es, die Elemente in einem Array auf der Grundlage eines Drehpunkts zu sortieren. Sie nimmt also den Drehpunkt, platziert ihn in der Mitte und ordnet die anderen Elemente um diesen Drehpunkt herum an.

Umsetzung

```c
#include<stdio.h>
// Wir werden nun eine Hilfsfunktion
einführen, mit der zwei Elemente im Array
vertauscht werden können
void swap(int* a, int* b)
{
    int t = *a;
    *a = *b;
    *b = t;
}
```

/* Diese Funktion verwendet das letzte Element als Pivot und setzt das Pivot-Element an die richtige Position im sortierten Array. Die Funktion platziert dann alle kleineren (kleiner als das Pivot-Element) links vom Pivot-Element und alle größeren Elemente im Array rechts vom Pivot-Element */

```c
int partition (int arr[], int low, int high)
{
    int pivot = arr[high]; // pivot
    int i = (niedrig - 1); // Index des
kleineren Elements

    for (int j = niedrig; j <= hoch 1; j++)
    {
        // Wenn das aktuelle Element kleiner
ist als der Drehpunkt
        wenn (arr[j] < Pivot)
        {
            i++; // Erhöhung des Index des
kleineren Elements
            swap(&arr[i], &arr[j]);
        }
    }
```

```
        swap(&arr[i + 1], &arr[high]);
        zurück (i + 1);
}


/* Die Hauptfunktion, die QuickSort
implementiert
 arr[] --> Zu sortierendes Array,
  niedrig --> Startindex,
  hoch --> Ende des Index */
void quickSort(int arr[], int low, int high)
{
    wenn (niedrig < hoch)
    {
        /* pi ist der Aufteilungsindex,
arr[p] ist jetzt
            an der richtigen Stelle */
        int pi = partition(arr, niedrig,
hoch);

        // Separate Sortierung der Elemente
vor
        // Trennwand und nach der Trennwand
        quickSort(arr, low, pi - 1);
        quickSort(arr, pi + 1, high);
    }
}


/* Funktion zum Drucken eines Arrays */
void printArray(int arr[], int size)
{
    int i;
    for (i=0; i < size; i++)
        printf("%d ", arr[i]);
    printf("n");
}
```

```
// Treiberprogramm zum Testen der obigen
Funktionen
int main()
{
    int arr[] = {10, 7, 8, 9, 1, 5};
    int n = sizeof(arr)/sizeof(arr[0]);
    quickSort(arr, 0, n-1);
    printf("Sortiertes Array: n");
    printArray(arr, n);
    0 zurückgeben;
}
```

Verstehen des Partitionsalgorithmus

```
/* niedrig --> Anfangsindex, hoch -->
Endindex */
quickSort(arr[], niedrig, hoch)
{
    wenn (niedrig < hoch)
    {
        /* pi ist der Partitionierungsindex,
arr[pi] ist jetzt
            an der richtigen Stelle */
        pi = partition(arr, niedrig, hoch);

        quickSort(arr, low, pi - 1); // Vor
pi
        quickSort(arr, pi + 1, high); //
Nach pi
    }
}
```

Der Pseudocode für den Partitionsalgorithmus
lautet:

```
/* niedrig --> Anfangsindex, hoch -->
Endindex */
quickSort(arr[], niedrig, hoch)
{
```

```
    wenn (niedrig < hoch)
    {
        /* pi ist der Partitionsindex,
arr[pi] ist jetzt
            an der richtigen Stelle */
        pi = partition(arr, niedrig, hoch);

        quickSort(arr, low, pi - 1); // Vor
pi
        quickSort(arr, pi + 1, high); //
Nach pi
    }
}
/* Diese Funktion nimmt das letzte Element
als Drehpunkt und platziert
    das Pivotelement an seiner richtigen
Position in sortierter
    Array, und platziert alle kleineren
(kleiner als Pivot)
    nach links vom Drehpunkt und alle
größeren Elemente nach rechts
    des Drehpunktes */
Partition (arr[], niedrig, hoch)
{
    // Pivot (Element soll an der richtigen
Stelle platziert werden)
    pivot = arr[high];

    i = (niedrig - 1) // Index des kleineren
Elements

    for (j = niedrig; j <= hoch 1; j++)
    {
        // Wenn das aktuelle Element kleiner
ist als der Drehpunkt
        wenn (arr[j] < Pivot)
```

```
    {
        i++; // Erhöhung des Index des
kleineren Elements
            arr[i] und arr[j]
vertauschen
        }
    }
    arr[i + 1] und arr[high]
vertauschen)
    Rückgabe (i + 1)
}
```
Schauen wir uns die Illustration dieser
Funktion an:
arr[] = {10, 80, 30, 90, 40, 50, 70}
Indizes: 0 1 2 3 4 5 6

niedrig = 0, hoch = 6, Drehpunkt = arr[h] =
70
Initialisierung des Index des kleineren
Elements, i = -1

Elemente von j = niedrig bis hoch-1
durchlaufen
j = 0 : Da arr[j] <= pivot, do i++ und
swap(arr[i], arr[j])
i = 0
arr[] = {10, 80, 30, 90, 40, 50, 70} //
Keine Änderung, da i und j

                                    // sind
gleich

j = 1 : Da arr[j] > pivot, nichts tun
// Keine Änderung von i und arr[]

j = 2 : Da arr[j] <= pivot, do i++ und
swap(arr[i], arr[j])

```
i = 1
arr[] = {10, 30, 80, 90, 40, 50, 70} // Wir
vertauschen 80 und 30

j = 3 : Da arr[j] > pivot, nichts tun
// Keine Änderung von i und arr[]

j = 4 : Da arr[j] <= pivot, do i++ und
swap(arr[i], arr[j])
i = 2
arr[] = {10, 30, 40, 90, 80, 50, 70} // 80
und 40 vertauscht
j = 5 : Da arr[j] <= pivot, do i++ und
tausche arr[i] mit arr[j]
i = 3
arr[] = {10, 30, 40, 50, 80, 90, 70} // 90
und 50 vertauscht
```

Wir kommen aus der Schleife heraus, weil j jetzt gleich high-1 ist.
Zum Schluss bringen wir den Drehpunkt an die richtige Stelle, indem wir die
arr[i+1] und arr[high] (oder Pivot)
arr[] = {10, 30, 40, 50, 70, 90, 80} // 80 und 70 vertauscht

Jetzt ist 70 an seinem richtigen Platz. Alle Elemente kleiner als
70 liegen davor, und alle Elemente über 70 liegen danach
es.
Schauen wir uns an, wie man diesen Algorithmus in C++ implementiert:

```cpp
/* C++-Implementierung von QuickSort */
#include <bits/stdc++.h>
using namespace std;
```

126

```c
// Eine Hilfsfunktion zum Vertauschen zweier
Elemente
void swap(int* a, int* b)
{
    int t = *a;
    *a = *b;
    *b = t;
}


/* Diese Funktion nimmt das letzte Element
als Drehpunkt und platziert
das Pivotelement an seiner richtigen
Position in sortierter
Array, und platziert alle kleineren (kleiner
als Pivot)
nach links vom Drehpunkt und alle größeren
Elemente nach rechts
des Drehpunktes */
int partition (int arr[], int low, int high)
{
    int pivot = arr[high]; // pivot
    int i = (niedrig - 1); // Index des
kleineren Elements

    for (int j = niedrig; j <= hoch - 1;
j++)
    {
        // Wenn das aktuelle Element kleiner
ist als der Drehpunkt
        wenn (arr[j] < Pivot)
        {
            i++; // Erhöhung des Index des
kleineren Elements
            swap(&arr[i], &arr[j]);
        }
```

```
    }
    swap(&arr[i + 1], &arr[high]);
    zurück (i + 1);
}


/* Die Hauptfunktion, die QuickSort
implementiert
arr[] --> Zu sortierendes Array,
niedrig --> Startindex,
hoch --> Ende des Index */
void quickSort(int arr[], int low, int high)
{
    wenn (niedrig < hoch)
    {
        /* pi ist der Aufteilungsindex,
arr[p] ist jetzt
        an der richtigen Stelle */
        int pi = partition(arr, niedrig,
hoch);

        // Separate Sortierung der Elemente
vor
        // Trennwand und nach der Trennwand
        quickSort(arr, low, pi - 1);
        quickSort(arr, pi + 1, high);
    }
}


/* Funktion zum Drucken eines Arrays */
void printArray(int arr[], int size)
{
    int i;
    for (i = 0; i < size; i++)
        cout << arr[i] << " ";
    cout << endl;
}
```

```
// Treiber-Code
int main()
{
    int arr[] = {10, 7, 8, 9, 1, 5};
    int n = sizeof(arr) / sizeof(arr[0]);
    quickSort(arr, 0, n - 1);
    cout << "Sortiertes Array: \n";
    printArray(arr, n);
    0 zurückgeben;
}
```

Auswahl sortieren

Der Auswahlsortieralgorithmus unterteilt das Feld in Segmente und sortiert jedes Segment, indem er nach dem kleinsten Element im unsortierten Segment sucht und es an den Anfang des Feldes verschiebt. Der Algorithmus behält zwei Segmente bei:

1. Das sortierte Segment

2. Den verbleibenden Teil des Arrays sollte der Algorithmus sortieren

Der Algorithmus verschiebt in jeder Iteration das kleinste Element aus dem unsortierten Segment in das sortierte Segment.

Betrachten wir das folgende Beispiel:

Wir haben ein Array array1[] = {10, 65, 40, 12, 22}. Das Ziel ist es, das kleinste Element in der obigen Matrix zu finden und es an den Anfang der Matrix zu verschieben. Da sich das minimale Element am Anfang des Arrays befindet, wird sich das Array nicht verändern.

```
array1[] = {10, 65, 40, 12, 22}
```

Nun sucht der Algorithmus nach dem kleinsten Element zwischen dem zweiten und dem letzten Element und verschiebt es auf das kleinere an den Anfang. Das Array sieht nun wie folgt aus:

```
array1[] = {10, 12, 65, 40, 22}
```

Der Algorithmus unterteilt das Array weiterhin in Segmente, und die Ausgabe lautet:

```
array1[] = {10, 12, 22, 40, 65}
```

Umsetzung

```
#include<stdio.h>
int main(){
```

/* In diesem Programm sind die Variablen i und j Schleifenzähler. Die Variable temp wird für die Auslagerung verwendet und enthält die Gesamtzahl der Elemente im Array.

* Die Variable number[] wird verwendet, um alle Eingabeelemente für das Array zu speichern, und die Größe dieses Arrays ändert sich je nach Notwendigkeit. */

```
int i, j, count, temp, number[25];
printf("Anzahl der Elemente: ");
scanf("%d",&count);
printf("Geben Sie %d Elemente ein: ",
Anzahl);
// Schleife zum Abrufen der im Array
gespeicherten Elemente
for(i=0;i<count;i++)
    scanf("%d",&number[i]);
// Logik des Auswahlsortieralgorithmus
for(i=0;i<count;i++){
```

```
for(j=i+1;j<count;j++){
    if(Zahl[i]>Zahl[j]){
        temp=Zahl[i];
        Anzahl[i]=Anzahl[j];
        Zahl[j]=temp;
    }
}
}
printf("Sortierte Elemente: ");
for(i=0;i<count;i++)
    printf(" %d",Zahl[i]);
0 zurückgeben;
}
```

Blase sortieren

Der Bubble-Sort-Algorithmus ist ein sehr einfacher und leicht zu bedienender Sortieralgorithmus. Er vergleicht benachbarte Elemente und sortiert die Elemente in aufsteigender Reihenfolge. Wenn sich die Position der Elemente nicht ändern muss, werden die Elemente sortiert. Das Verfahren, das bei diesem Sortieralgorithmus zum Einsatz kommt, wird im Folgenden beschrieben:

1. Definieren Sie das Array und seine Elemente

2. Berechnen Sie mit einer Anweisung die Länge des Arrays und speichern Sie die Zahl in der Variablen 'n'.

3. Die folgenden Schritte sollten für die Elemente im Array durchgeführt werden:

4. Verwenden Sie die Schleife für die Elemente, die mit dem Index (i) = 1 beginnen und bei n enden, und eine weitere

Schleife für jedes Element, das mit dem Index (j) = n beginnt und bei i+1 endet, und führen Sie die folgenden Schritte aus:

a. Wenn A[j] < A[j-1]

b. Verschiebe das Element mit dem Index Array [j] an die Position Array [j-1]

5. Beenden Sie den Algorithmus

Betrachten Sie das folgende Beispiel:

Erster Durchgang:

(5 1 4 2 8) -> (1 5 4 2 8)

In diesem Schritt vergleicht der Algorithmus die Elemente im Array und vertauscht die Zahlen 1 und 5.

(1 5 4 2 8) -> (1 4 5 2 8)

In diesem Schritt werden die Zahlen 4 und 5 vertauscht, da die Zahl 5 größer als 4 ist.

(1 4 5 2 8) -> (1 4 2 5 8)

In diesem Schritt werden die Zahlen 5 und 2 vertauscht.

(1 4 2 5 8) -> (1 4 2 5 8)

Im letzten Schritt werden die Elemente geordnet, so dass keine Vertauschung mehr nötig ist.

Zweiter Durchgang:

```
( 1 4 2 5 8 ) -> ( 1 4 2 5 8 )
( 1 4 2 5 8 ) -> ( 1 2 4 5 8 )
```

In diesem Schritt werden die Zahlen 4 und 2 vertauscht, da die Zahl 4 größer als 2 ist.

```
( 1 2 4 5 8 ) -> ( 1 2 4 5 8 )
( 1 2 4 5 8 ) -> ( 1 2 4 5 8 )
```

Da der Compiler nicht feststellen kann, ob das Array sortiert ist, wird er den Code erneut ausführen.

Dritter Durchgang:

```
( 1 2 4 5 8 ) -> ( 1 2 4 5 8 )
( 1 2 4 5 8 ) -> ( 1 2 4 5 8 )
( 1 2 4 5 8 ) -> ( 1 2 4 5 8 )
( 1 2 4 5 8 ) -> ( 1 2 4 5 8 )
```

Betrachten Sie die folgenden Implementierungen des Bubble-Sort-Algorithmus:

```cpp
// Implementierung des Algorithmus in C++
#include <bits/stdc++.h>
using namespace std;

void swap(int *xp, int *yp)
{
    int temp = *xp;
    *xp = *yp;
    *yp = temp;
}
```

```cpp
// Eine Funktion zur Implementierung der
Blasensortierung
void bubbleSort(int arr[], int n)
{
    int i, j;
    for (i = 0; i < n-1; i++)

    // Die letzten i Elemente sind bereits
vorhanden
    for (j = 0; j < n-i-1; j++)
        wenn (arr[j] > arr[j+1])
            swap(&arr[j], &arr[j+1]);
}

/* Funktion zum Drucken eines Arrays */
void printArray(int arr[], int size)
{
    int i;
    for (i = 0; i < size; i++)
        cout << arr[i] << " ";
    cout << endl;
}

// Treiber-Code
int main()
{
    int arr[] = {64, 34, 25, 12, 22, 11,
90};
    int n = sizeof(arr)/sizeof(arr[0]);
    bubbleSort(arr, n);
    cout<<"Sortiertes Array: \n";
    printArray(arr, n);
    0 zurückgeben;
}
```

Die Ausgabe dieses Codes ist:

Sortiertes Array:

```
11 12 22 25 34 64 90
```

Einfügen Sortieren

Der Algorithmus für die Einfügungssortierung ist sehr einfach zu verwenden. Der Algorithmus funktioniert auf die gleiche Weise wie das Verfahren, das Sie zum Sortieren von Spielkarten verwenden. Der Algorithmus folgt dem unten stehenden Verfahren:

1. Erstellen Sie ein Array mit einer beliebigen Anzahl von Elementen, und definieren Sie es mit der folgenden Methode: array1 [n]

2. Verwenden Sie eine Schleifenfunktion und führen Sie diese ab dem ersten Element im Array bis zum Ende des Arrays aus. Wählen Sie nun das Element aus und fügen Sie es in die Sequenz

3. Hinzufügen einer Bedingung, damit das Element auf der Grundlage seiner Array-Größe in das Array aufgenommen wird

4. Beenden Sie den Algorithmus

Betrachten wir das folgende Beispiel:

Definieren Sie eine Matrix Array1[5] und fügen Sie Variablen zu dieser Matrix hinzu: Array1[] = {12, 11, 13, 5, 6}. Fügen Sie nun dem Array eine Schleife hinzu und beginnen Sie die Funktion mit dem ersten Element. Die Schleife sollte sich bis zum letzten Element im Array bewegen. Da die zweite Zahl kleiner ist als die erste, verschiebt der Algorithmus sie vor 11.

```
Array1[] = {11, 12, 13, 5, 6}
```

Die Schleife geht nun zum dritten Element im Array, aber das Array ändert sich, da die Elemente vor dem dritten Element kleiner sind als das dritte Element.

```
Array1[] = {11, 12, 13, 5, 6}
```

Nun springt die Schleife zum vierten Element in der Matrix. Sie vergleicht die anderen Elemente im Array mit den vorherigen Zahlen im Array. Da die Zahl kleiner ist als alle anderen Zahlen, wird sie nach vorne verschoben.

```
Array1[] = {5, 11, 12, 13, 6}
```

Die Schleife bewegt sich schließlich zur letzten Zahl im Array, und da diese Zahl kleiner als die drei Zahlen vor ihr, aber größer als die erste Zahl ist, wird sie an die zweite Stelle gesetzt.

```
Array1[] = {5, 6, 11, 12, 13}
```

Umsetzung

```c
#include <math.h>
#include <stdio.h>
  /* Funktion zum Sortieren eines Arrays mit
Einfügungssortierung*/
void insertionSort(int arr[], int n)
{
    int i, Schlüssel, j;
    for (i = 1; i < n; i++) {
        Schlüssel = arr[i];
```

```
        j = i - 1;
            /* Verschieben der Elemente von
arr[0..i-1], die
                größer als der Schlüssel, um eine
Position weiter
                ihrer aktuellen Position */
            while (j >= 0 && arr[j] > key) {
                arr[j + 1] = arr[j];
                j = j - 1;
            }
            arr[j + 1] = Schlüssel;
        }
}
    // Eine Utility-Funktion zum Drucken eines
Arrays der Größe n
void printArray(int arr[], int n)
{
    int i;
    for (i = 0; i < n; i++)
        printf("%d ", arr[i]);
    printf("\n");
}
    /* Treiberprogramm zum Testen der
Einfügesortierung */
int main()
{
    int arr[] = { 12, 11, 13, 5, 6 };
    int n = sizeof(arr) / sizeof(arr[0]);
        insertionSort(arr, n);
    printArray(arr, n);
        0 zurückgeben;
}
```

Zusammenführen sortieren

Wie der Quick-Sort-Algorithmus ist auch der Merge-Sort-Algorithmus ein Divide-and-Conquer-Algorithmus. Bei diesem

Sortieralgorithmus wird das Eingabefeld in zwei Hälften unterteilt. Der Sortieralgorithmus wird aufgerufen, um die Elemente in jeder der Hälften zu sortieren und dann das Array zu einem Array zusammenzuführen. Sie können die Funktion merge verwenden, um die beiden Hälften zusammenzuführen. Sie müssen die folgenden Parameter eingeben, wenn Sie einen Merge-Sortieralgorithmus durchführen:

1. Das Eingabefeld mit seinen Elementen

2. Erste sortierte Hälfte

3. Zweite sortierte Hälfte

Mit dem Sortieralgorithmus können Sie die beiden Arrays zusammenführen. Sehen wir uns zunächst an, wie der Algorithmus funktioniert, bevor wir uns die Implementierung ansehen.

1. Definieren Sie das Array und fügen Sie ihm die Elemente hinzu

2. Teilen Sie das Feld in zwei Hälften und sortieren Sie die Elemente in jeder Hälfte

3. Verwenden Sie die Merge-Funktion, um die sortierten Arrays zu kombinieren

4. Beenden Sie den Algorithmus

Umsetzung

// Mit diesem Code fügen wir zwei Unterfelder des Arrays arr[]
zusammen. Das erste Subarray ist arr[l..m] und das zweite ist
arr[m+1..r]

```
void merge(int arr[], int l, int m, int r)
{
    int i, j, k;
    int n1 = m - l + 1;
    int n2 = r - m;

    /* temporäre Arrays erstellen */
    int L[n1], R[n2];

    /* Daten in die temporären Arrays L[]
und R[] kopieren */
    for (i = 0; i < n1; i++)
        L[i] = arr[l + i];
    for (j = 0; j < n2; j++)
        R[j] = arr[m + 1+ j];

    /* Die temporären Arrays wieder in
arr[l..r]*/ zusammenführen
    i = 0; // Anfangsindex des ersten
Unterarrays
    j = 0; // Anfangsindex des zweiten
Unterarrays
    k = l; // Anfangsindex des
zusammengeführten Unterarrays
    while (i < n1 && j < n2)
    {
        wenn (L[i] <= R[j])
        {
            arr[k] = L[i];
            i++;
```

```
        }
        sonst
        {
            arr[k] = R[j];
            j++;
        }
        k++;
    }


    /* Kopieren der verbleibenden Elemente
von L[], falls vorhanden
        sind beliebig */
    while (i < n1)
    {
        arr[k] = L[i];
        i++;
        k++;
    }


    /* Kopieren der verbleibenden Elemente
von R[], falls vorhanden
        sind beliebig */
    while (j < n2)
    {
        arr[k] = R[j];
        j++;
        k++;
    }
}


/* l steht für den linken Index und r für
den rechten Index der
    Unterarray von arr, das sortiert werden
soll */
void mergeSort(int arr[], int l, int r)
{
```

```
    wenn (l < r)
    {
        // Wie (l+r)/2, vermeidet aber den
Überlauf bei
        // großes l und h
        int m = l+(r-l)/2;

        // Erste und zweite Hälfte sortieren
        mergeSort(arr, l, m);
        mergeSort(arr, m+1, r);

        merge(arr, l, m, r);
    }
}


/* HILFSFUNKTIONEN */
/* Funktion zum Drucken eines Arrays */
void printArray(int A[], int size)
{
    int i;
    for (i=0; i < size; i++)
        printf("%d ", A[i]);
    printf("\n");
}


/* Treiberprogramm zum Testen der obigen
Funktionen */
int main()
{
    int arr[] = {12, 11, 13, 5, 6, 7};
    int arr_size =
sizeof(arr)/sizeof(arr[0]);

    printf("Gegebenes Array ist \n");
    printArray(arr, arr_size);
```

```
    mergeSort(arr, 0, arr_size - 1);

    printf("\nSortiertes Array ist \n");
    printArray(arr, arr_size);
    0 zurückgeben;
}
```

Elftes Kapitel

Schleifensteuerung und Entscheidungsfindung

Wie bereits erwähnt, verwenden die meisten Algorithmen Schleifen und Entscheidungsanweisungen. Daher ist es wichtig zu verstehen, wie diese Algorithmen in jeder Programmiersprache ausgeführt werden können. Jede Programmiersprache führt den Code sequentiell aus. Das bedeutet, dass die erste Anweisung ausgeführt wird, bevor der Compiler zur nächsten übergeht. Sie können dies jedoch mit Schleifen und bedingten Anweisungen steuern. Mit diesen Funktionen können Sie komplexe Operationen mit Daten durchführen.

Entscheidungsfindung

Dies ist ein Schlüsselelement der Programmierung, und ein Programmierer muss wissen, wie man Entscheidungsanweisungen verwendet, um bestimmte Funktionen auszuführen. Die Strukturen von Entscheidungsanweisungen enthalten mindestens eine Bedingung, die vom Programm ausgewertet und getestet werden muss. Außerdem enthält sie eine oder mehrere Anweisungen, die der Compiler je nach dem Wert der Bedingung ausführen muss. Sie können auch andere Anweisungen einschließen, die ausgeführt werden, wenn die Bedingung falsch ist. In den meisten Programmiersprachen gibt es die folgenden Entscheidungsanweisungen:

?: Betreiber

Wir haben dies bereits früher angesprochen. Das?: ist ein bedingter Operator, der anstelle einer if...else-Anweisung verwendet wird, und sein Format sieht etwa so aus:

Zustand1? Zustand2 : Zustand3 ;

State1, State2 und State3 sind allesamt Ausdrücke - achten Sie auf die Verwendung des Doppelpunkts und seine Platzierung.

Um den Wert des gesamten Ausdrucks zu ermitteln, wird zunächst State1 ausgewertet:

Wenn State1 den Wert True hat, ist der Wert von State2 der Wert des gesamten Ausdrucks

Wenn State1 als false ausgewertet wird, wird State3 ausgewertet, und der Wert von State3 ist der Wert des gesamten Ausdrucks.

Wenn-Anweisung

Die if-Anweisung ist die in der Programmierung am häufigsten verwendete Entscheidungsanweisung. Die Bedingung besteht aus einem booleschen Ausdruck und einer oder mehreren Anweisungen im Hauptteil.

If-Else-Anweisung

Auf diese Anweisung kann eine optionale else-Anweisung folgen, die ausgeführt wird, wenn der boolesche Ausdruck falsch ist.

Verschachteltes wenn

Wenn Sie viele Bedingungen testen möchten, verwenden Sie eine verschachtelte if-Anweisung, da Sie mehrere if-Anweisungen und eine else-Anweisung einschließen können.

Anweisung wechseln

Die Anweisung, die Sie verwenden, wenn Sie eine Variable auf Gleichheit mit einer Liste vorgegebener Werte testen wollen

Schleifen-Anweisungen

Wenn Sie Anweisungen in einigen Codezeilen mehrmals ausführen wollen, verwenden Sie Schleifen. Die meisten Programmiersprachen haben drei gängige Schleifen:

1. For-Schleife

2. While-Schleife

3. Do-While-Schleife

For-Schleife

Eine for-Schleife führt eine Anweisung in Abhängigkeit von der in den Parametern angegebenen Bedingung mehrmals aus. Die Schleifenvariable steuert die Anzahl der Durchläufe der Schleife. Die Syntax dieser Schleife lautet:

```
for (Initialisierung; Bedingung;
Aktualisierung)
{
    Körper;
}
```

In der for-Schleife wird die Schleifenvariable in den Parametern der Funktion initialisiert, und der Wert wird im Schleifenkörper entweder erhöht oder verringert. Die Bedingung in der obigen Funktion führt zu einer booleschen Ausgabe - entweder wahr oder falsch - und bestimmt die Anzahl der Durchläufe der Schleife. Gibt die Bedingung false zurück, bricht die Schleife ab, und die Anweisungen nach der Schleife werden ausgeführt. Wenn die Bedingung nicht abbricht, läuft die Schleife unbegrenzt weiter.

Betrachten wir das folgende Beispiel einer for-Schleife, in der wir die Zahlen 0 - 10 ausgeben wollen:

```
for (int i = 0; i <= 10; i++)
{
Console.Write(i + " ");
}
```

Sie können die Schleife verwenden, um komplizierte Funktionen auszuführen. Zum Beispiel können Sie die Potenz (m) einer Zahl (n) berechnen.

```
Console.Write("n = ");
int n = int.Parse(Console.ReadLine());
Console.Write("m = ");
int m = int.Parse(Console.ReadLine());
dezimales Ergebnis = 1;
for (int i = 0; i < m; i++)
```

```
{
Ergebnis *= n;
}
Console.WriteLine("n^m = " + Ergebnis);
```

Im obigen Code berechnen wir die Potenz der Zahl innerhalb des Schleifenkörpers. Die Bedingung, gegen die wir sie gesetzt haben, ist die Potenz (m). In For-Schleifen können auch zwei Variablen definiert und innerhalb der Bedingung initialisiert werden.

```
for (int small=1, large=10; small<large;
small++, large--)
{
Console.WriteLine(klein + " " + groß);
}
```

While-Schleife

Mit der while-Schleife können Sie je nach Bedingung eine oder mehrere Anweisungen im Schleifenkörper wiederholen. Die Bedingung wird getestet, bevor der Schleifenkörper ausgeführt wird.

Die Syntax der Schleife lautet wie folgt:

```
while (Bedingung)
{
    Körper;
}
```

Betrachten Sie das folgende Beispiel, in dem wir die Zahlen 0 - 9 im Ausgabefenster ausgeben wollen.

```
// Initialisierung der Zählervariable
int count = 0;
```

```
// Einstellen der Schleife mit der
gewünschten Bedingung
while (Anzahl <= 9)
{
// Drucken der Variablen auf dem
Ausgabebildschirm
Console.WriteLine("Anzahl : " + count);
// Inkrementeller Operator
Gegen++;
}
```

Der Code liefert das folgende Ergebnis:

```
Anzahl: 0
Nummer: 1
Nummer: 2
Nummer: 3
Nummer: 4
Nummer: 5
Nummer: 6
Nummer: 7
Nummer: 8
Nummer: 9
```

Schauen wir uns nun an, wie man die Summe der Zahlen 1 - 10 berechnet.

```
int count = 0;
int Summe = 0;
while (Anzahl <= 10)
{
sum=sum+count;
zählen++;
}
Console.WriteLine("Die Summe ist" + Summe);
```

Sie können dies auf unterschiedliche Weise tun, je nachdem, ob Sie Schleifen verwenden möchten oder nicht. Wir können die while-Schleife auch für andere mathematische Berechnungen verwenden. Das folgende Programm prüft, ob eine eingegebene Zahl eine Primzahl ist oder nicht.

```
Console.Write("Geben Sie eine positive Zahl
ein: ");
int num = int.Parse(Console.ReadLine());
int divider = 2; //speichert den Wert des
potenziellen Divisors
int maxDivider = (int)Math.Sqrt(num);
bool prime = true;
while (prime && (divider <= maxDivider))
{
if (num % divider == 0)
{
prime = false;
}
divider++;
}
Console.WriteLine("Prime? " + prime);
```

Do-While-Schleife

Die do...while-Schleife ist wie die while-Schleife, mit dem Unterschied, dass der Schleifenkörper ausgeführt wird, bevor die Bedingung getestet wird. Das bedeutet, dass die Schleife einmal ausgeführt wird, auch wenn die eingegebene Bedingung falsch ist.

Die Syntax der Schleife lautet wie folgt:

```
tun
{
```

```
   Körper;
} while (Bedingung);
```

Nachdem die Anweisungen im Hauptteil ausgeführt wurden, wird die Bedingung geprüft. Wenn die Bedingung erfüllt ist, wird die Schleife erneut durchlaufen. Diese Funktion wird so lange wiederholt, bis die Bedingung falsch ist. Der Hauptteil der Schleife wird mindestens einmal ausgeführt, da die Bedingung erst nach der Ausführung des Hauptteils geprüft wird.

Im folgenden Beispiel berechnen wir die Fakultät einer Zahl.

```
mit System;
mit System.Numerics;
Klasse Factorial
{
static void Main()
{
Console.Write("n = ");
int n = int.Parse(Console.ReadLine());
BigInteger factorial = 1;
tun
{
faktoriell *= n;
n--;
} while (n > 0);
Console.WriteLine("n! = " + Fakultät);
}
}
```

Wenn Sie das Programm jetzt ausführen, können Sie die Fakultät einer beliebigen Zahl Ihrer Wahl ermitteln.

Schleifensteuerungsanweisungen

Schleifensteuerungsanweisungen werden verwendet, um die normale Reihenfolge der Ausführung zu ändern. Wenn die Ausführung ihren Bereich verlässt, d.h. wenn sie beendet, was sie vorhatte, werden alle Objekte, die automatisch im Bereich erstellt wurden, zerstört.

Die folgenden Steueranweisungen werden von den meisten Programmiersprachen unterstützt:

Pause Anweisung

Dieser Operator kann verwendet werden, um aus einer Schleife auszubrechen. Es kann vorkommen, dass wir einen falschen Code schreiben und die Schleife unendlich lange läuft. In solchen Fällen ist der break-Operator sehr nützlich, da er Sie automatisch aus der Schleife herausführt. Diese Anweisung kann nur innerhalb der Schleife geschrieben werden, wenn die Iteration abgebrochen werden soll. Der Code nach der break-Anweisung wird nicht ausgeführt. Das folgende Beispiel zeigt Ihnen den Code, der zur Berechnung der Fakultät einer Zahl verwendet wird.

```
int n = int.Parse(Console.ReadLine());
// Dezimal" ist der größte Datentyp, der
ganzzahlige Werte aufnehmen kann.
Dezimalfaktor = 1;
// Durchführen einer "Endlosschleife"
while (true)
{
wenn (n<=1)
{
    Pause;
```

```
    }
    faktoriell *= n;
    n--;
    }
    Console.WriteLine("n! = " + Fakultät);
```

Wir haben eine Variable namens factorial initialisiert, um Variablen von 1 - n in der Konsole zu lesen. Da die Bedingung wahr ist, entsteht eine Endlosschleife. Hier wird die break-Anweisung die Schleife unterbrechen, wenn der Wert von n kleiner oder gleich 1 ist. Die Schleife läuft weiter, wenn die Bedingung in der if-Anweisung nicht erfüllt ist.

foreach-Schleife

Die foreach-Schleife ist eine Erweiterung der for-Schleife in einigen Programmiersprachen, z. B. C, C++ und C#, ist aber eine bekannte Schleife. Sie wird auch von PHP- und VB-Programmierern verwendet. Diese Schleife iteriert und führt Operationen auf allen Elementen eines Arrays oder einer Liste aus. Sie wirkt auf alle Variablen, auch wenn die Liste oder das Array nicht indiziert ist. Die Syntax der Schleife lautet wie folgt:

```
    foreach (Typvariable in der Sammlung)
    {
            Körper;
    }
```

Eine foreach-Schleife ähnelt der for-Schleife, aber die meisten Programmierer bevorzugen diese Art von Schleife, da sie es erspart, einen Code zu schreiben, der alle Elemente in der Liste durchläuft.

Anhand des folgenden Beispiels können Sie sehen, wie eine foreach-Schleife funktioniert:

```
int[] numbers = { 2, 3, 5, 7, 11, 13, 17, 19
};
foreach (int i in numbers)
{
Console.Write(" " + i);
}
Console.WriteLine();
string[] towns = { "London", "Paris",
"Mailand", "New York" };
foreach (string town in towns)
{
Console.Write(" " + Stadt);
}
```

Im obigen Beispiel haben wir ein Array erstellt und diese Zahlen dann mithilfe einer foreach-Schleife auf dem Ausgabebildschirm ausgegeben. In ähnlicher Weise wird ein Array mit Zeichenketten erstellt, die dann in das Ausgabefenster gedruckt werden.

Verschachtelte Schleifen

Wie der Name schon sagt, enthält eine geschachtelte Schleife mehrere Schleifen innerhalb der Hauptschleife. Die Syntax lautet wie folgt:

```
für (Initialisierung, Überprüfung,
Aktualisierung)
{
für (Initialisierung, Überprüfung,
Aktualisierung)
{
      Körper;
```

```
      }
   }
```

Wenn die Bedingung in der Hauptschleife erfüllt ist, werden die Anweisungen innerhalb der Hauptschleife ausgeführt. Bevor Sie einen Code mit verschachtelten Schleifen schreiben, ist es wichtig, den Algorithmus niederzuschreiben. Sie müssen festlegen, wie Sie die Schleifen organisieren wollen. Nehmen wir an, Sie wollen die Zahlen in folgendem Format ausgeben:

```
1
1 2
1 2 3
1 2 3 . . . . . . n
```

Sie benötigen zwei Schleifen. Die äußere Schleife prüft die Anzahl der ausgeführten Zeilen und die innere Schleife prüft die Elemente innerhalb jeder Zeile. Der Code wurde bereits im letzten Kapitel beschrieben.

Erklärung fortsetzen

Die continue-Anweisung bewirkt, dass die Schleife den Rest des Schleifenkörpers überspringt und die Bedingung erneut prüft, bevor sie erneut über die Sequenz iteriert. Das folgende Beispiel beschreibt die Funktion der Anweisung.

```
int n = int.Parse(Console.ReadLine());
int Summe = 0;
for (int i = 1; i <= n; i += 2)
{
wenn (i % 8 == 0)
{
```

```
weiter;
}
Summe += i;
}
Console.WriteLine("Summe = " + Summe);
```

Im obigen Programm berechnen wir die Summe der ganzen Zahlen, die nicht durch 8 teilbar sind. Die Schleife läuft so lange, bis sie eine Zahl erreicht, die nicht durch 8 teilbar ist.

Zwölftes Kapitel

Einführung in Datenstrukturen

Die meisten Programmiersprachen erlauben die Verwendung von Datenstrukturen wie Listen und Arrays, und wir haben uns im achten Kapitel kurz angesehen, was diese bedeuten. In diesem Kapitel werden wir uns ansehen, wie Sie verschiedene Methoden zur Definition und Verwendung einer Datenstruktur verwenden können.

Sie werden auch lernen, wie Sie diese Datenstrukturen verwenden können, um zahlreiche Variablen zu definieren oder verschiedene Elemente, entweder Eingabe- oder Ausgabevariablen, im gesamten Programm zu kombinieren. Eine Struktur hingegen ermöglicht es Ihnen, verschiedene Variablen und Datentypen zu kombinieren. Sie können eine Struktur verwenden, um Datensätze zu definieren oder darzustellen. Nehmen wir an, Sie wollen das Bücherregal in Ihrer Bibliothek ordnen. Wir werden sehen, wie Sie eine Datenstruktur verwenden können, um verschiedene Attribute eines jeden Buches zu erfassen. In diesem Beispiel werden wir uns die folgenden Attribute ansehen:

1. Buch-ID

2. Titel des Buches

3. Genre

4. Autor

Die Strukturanweisung

Bevor Sie eine Datenstruktur definieren, ist es wichtig, die struct-Anweisung zu verwenden, um diese Struktur im Programm zu erstellen. Beachten Sie, dass die struct-Anweisung nur in den Sprachen C und C++ funktioniert. Andere Programmiersprachen verwenden jedoch eine andere Anweisung. Sie können auch die Anzahl der Elemente oder Mitglieder im Code festlegen.

Verwenden Sie die folgende Syntax, um die Struktur in Ihrem Code zu definieren:

```
struct [Struktur-Tag] {
    Definition der Mitglieder;
    Definition der Mitglieder;
    ...
    Definition der Mitglieder;
} [eine oder mehrere Strukturvariablen];
```

Bei der Verwendung der struct-Anweisung ist die Verwendung des structure-Tags nicht erforderlich. Verwenden Sie die Methode der Variablendefinition, um jedes Mitglied zu beschreiben, das Sie in der Struktur verwenden möchten. Wenn Sie unsicher sind, wie Sie die Daten beschreiben sollen, lernen Sie, wie Sie Fehler vermeiden können. Sie können zum Beispiel die Methode int i verwenden, um eine Integer-Variable zu definieren. Der Abschnitt vor dem Semikolon in der struct-Syntax ist ebenfalls optional. Es ist am besten, ihn im Programm zu lassen, da Sie die Variablen definieren, die Sie in der Struktur verwenden wollen. Um das obige Beispiel fortzusetzen, werden wir die Buchstruktur mit den folgenden Codezeilen definieren.

```
struct Bücher {
    int book_id;
    char book_title[50];
    char genre[50];
    char author[100];
} Buch;
```

Zugriff auf Strukturmitglieder

Der Zugriff auf die Mitglieder einer Datenstruktur kann einfach mit einem Punkt erfolgen. Dieser Punkt wird als Operator für den Zugriff auf Mitglieder bezeichnet. Er wird als Unterbrechung oder Punkt zwischen den Mitgliedern der Datenstruktur und den Namen der Variablen verwendet. Stellen Sie sicher, dass Sie den Namen der Variablen eingeben, auf die Sie zugreifen möchten. Sie können die Variable der gesamten Struktur mit dem Schlüsselwort struct definieren. Betrachten Sie die folgenden Codezeilen, um zu verstehen, wie Sie Strukturen verwenden können. Wir werden das zu Beginn des Kapitels erwähnte Beispiel fortsetzen.

```
#include <iostream>
#include <cstring>
 using namespace std;
 struct Bücher {
    int book_id;
    char book_title[60];
    char genre[60];
    char Autor[40];
};
```

```
int main() {
```

struct Books Book1; // *Mit dieser Anweisung können Sie die erste Variable namens Book1 in der Datenstruktur deklarieren.*

struct Books Book2; // *Mit dieser Anweisung können Sie die erste Variable namens Book2 in der Datenstruktur deklarieren.*

// *Die nächsten Codezeilen weisen den Compiler an, wie er der ersten Variablen Details hinzufügen kann*

```
    Buch1.buch_id = 1001;
    strcpy( Book1.book_title, "Eragon");
    strcpy( Buch1.Genre, "Fantasy");
    strcpy( Buch1.Autor, "Christopher
Paolini");
    // Die nächsten Zeilen fügen der zweiten
Variablen Daten hinzu
    Buch2.buch_id = 1002;
    strcpy( Book2.book_title, "Eldest");
    strcpy( Buch2.Genre, "Fantasy");
    strcpy( Buch2.Autor, "Christopher
Paolini");
```

// *Mit den nächsten Codezeilen geben wir die Details der ersten und zweiten Variablen in der Datenstruktur aus*

```
    cout << "Buch 1 ID: " << Buch1.book_id
<<endl;
    cout << "Buch 1 Titel: " <<
Book1.book_title <<endl;
    cout << "Buch 1 Genre: " << Buch1.Genre
<<endl;
    cout << "Buch 1 Autor: " << Buch1.Autor
<<endl;
```

```
    cout << "Buch 2 ID: " << Buch2.book_id
<<endl;
    cout << "Buch 2 Titel: " <<
Book2.book_title <<endl;
    cout << "Buch 2 Genre: " << Buch2.Genre
<<endl;
    cout << "Buch 2 Autor: " << Buch2.Autor
<<endl;
    0 zurückgeben;
}
```

Ausgabe:

Mit dem obigen Code erhalten Sie die folgende Ausgabe:

```
Buch 1 id: 1001
Titel von Buch 1: Eragon
Buch 1 Genre: Fantasy
Buch 1 Autor: Christopher Paolini
Buch 2 id: 1002
Titel von Buch 2: Älteste
Buch 2 Genre: Fantasy
Buch 2 Autor: Christopher Paolini
```

Strukturen als Argumente verwenden

Eine Datenstruktur kann auch als Argument in einer Funktion
aufgerufen werden. Dies funktioniert auf die gleiche Weise, wie Sie
eine beliebige Variable oder einen Zeiger als Parameter in der
Funktion übergeben würden. Dazu müssen Sie nur auf die Variablen
zugreifen, wie wir es im obigen Beispiel getan haben.

```
#include <iostream>
#include <cstring>
  using namespace std;
```

```
struct Bücher {
  int book_id;
  char book_title[60];
  char genre[60];
  char Autor[40];
};
int main() {
```

struct Books Book1; // *Mit dieser Anweisung können Sie die erste Variable namens Book1 in der Datenstruktur deklarieren.*

struct Books Book2; // *Mit dieser Anweisung können Sie die erste Variable namens Book2 in der Datenstruktur deklarieren.*

// *Die nächsten Codezeilen weisen den Compiler an, wie er der ersten Variablen Details hinzufügen kann*

```
Buch1.buch_id = 1001;
strcpy( Book1.book_title, "Eragon");
strcpy( Buch1.Genre, "Fantasy");
strcpy( Buch1.Autor, "Christopher
Paolini");
```

// *Die nächsten Zeilen fügen der zweiten Variablen Daten hinzu*

```
Buch2.buch_id = 1002;
strcpy( Book2.book_title, "Eldest");
strcpy( Buch2.Genre, "Fantasy");
strcpy( Buch2.Autor, "Christopher
Paolini");
```

// *Sehen wir uns nun an, wie Sie die Details der zweiten Variablen festlegen können*

```
Buch2.buch_id = 130000;
```

```
        strcpy( Book2.book_title, "Harry Potter
    und die Kammer des Schreckens");
        strcpy( Buch2.Genre, "Belletristik");
        strcpy( Buch2.Autor, "JK Rowling");
```

// *Die nächsten Anweisungen dienen dazu, die Details der ersten und*
zweiten Variablen in der Struktur zu drucken

```
        printBook( Buch1 );
        printBook( Buch2 );
        0 zurückgeben;
    }
    void printBook(struct Books book ) {
        cout << "Buch-ID: " << book.book_id
    <<endl;
        cout << "Buchtitel: " << book.book_title
    <<endl;
        cout << "Buchgenre: " << Buch.Genre
    <<endl;
        cout << "Buchautor: " <<
    book.author<<endl;
    }
```

Ausgabe:

Wenn Sie den oben geschriebenen Code kompilieren, erhalten Sie
die folgende Ausgabe:

```
    Buch 1 id: 120000
    Titel von Buch 1: Harry Potter und der Stein
    der Weisen
    Buch 1 Genre: Belletristik
    Buch 1 Autor: JK Rowling
    Buch 2 id: 130000
    Titel von Buch 2: Harry Potter und die
    Kammer des Schreckens
```

Buch 2 Genre: Belletristik
Buch 2 Autor: JK Rowling

Verwendung von Zeigern in Strukturen

Sie können auch mit Hilfe von Zeigern auf Strukturen verweisen, und Sie können einen Zeiger ähnlich wie einen Zeiger für normale Variablen definieren.

```
struct Books *struct_pointer;
```

Wenn Sie die obige Anweisung verwenden, können Sie die definierte Zeigervariable verwenden, um die Adresse der Variablen in der Struktur zu speichern.

```
struct_pointer = &Book1;
```

Sie können auch einen Zeiger verwenden, um auf ein oder mehrere Elemente der Struktur zuzugreifen. Dazu müssen Sie den Operator -> verwenden:

```
struct_pointer->Titel;
```

Lassen Sie uns das obige Beispiel umschreiben, um ein Element oder die gesamte Struktur mit einem Zeiger anzugeben.

```
#include <iostream>
#include <cstring>
 using namespace std;
void printBook( struct Books *book );
struct Bücher {
   int book_id;
   char book_title[50];
   char genre[50];
```

```
        char author[100];
    };
    int main() {
```

struct Books Book1; // *Hier deklarieren Sie die Variable Book1 in der Book-Struktur*

struct Books Book2; // *Hier deklarieren Sie die Variable Book2 in der Book-Struktur*

// *Schauen wir uns nun an, wie Sie die Details der ersten Variablen angeben können*

```
        Buch1.buch_id = 1001;
        strcpy( Book1.book_title, "Eragon");
        strcpy( Buch1.Genre, "Fantasy");
        strcpy( Buch1.Autor, "Christopher
    Paolini");
```

// *Sehen wir uns nun an, wie Sie die Details der zweiten Variablen festlegen können*

```
        Buch2.buch_id = 1002;
        strcpy( Book2.book_title, "Eldest");
        strcpy( Buch2.Genre, "Fantasy");
        strcpy( Buch2.Autor, "Christopher
    Paolini");
```

// *Die nächsten Anweisungen dienen dazu, die Details der ersten und zweiten Variablen in der Struktur zu drucken*

```
        printBook( Buch1 );
        printBook( Buch2 );
        0 zurückgeben;
    }
```

// Wir werden nun eine Funktion verwenden, die einen Strukturzeiger als Parameter akzeptiert.

```
void printBook( struct Books *book ) {
    cout << "Buch-ID: " << buch->buch_id
<<endl;
    cout << "Buchtitel: " << book->book_title
<<endl;
    cout << "Buchgenre: " << Buch-
>Genre<<endl;
    cout << "Buchautor: " << Buch->Autor
<<endl;
}
```

Wenn Sie den obigen Code schreiben, erhalten Sie die folgende Ausgabe:

```
Buch-ID: 1001
Buchtitel: Eragon
Buch-Genre: Fantasy
Autor des Buches: Christopher Paolini
Buch-ID: 1002
Titel des Buches: Älteste
Buch-Genre: Fantasy
Autor des Buches: Christopher Paolini
```

Typedef Schlüsselwort

Wenn Sie die Datenstruktur nicht einfach mit den oben genannten Methoden definieren können, verwenden Sie eine Alias-Struktur, um die Struktur zu definieren. Betrachten Sie das folgende Beispiel:

```
typedef struct {
    int book_id;
    char book_title[50];
```

```
    char genre[50];
    char author[100];
} Bücher;
```

Es ist einfacher, dieses Verfahren zur Definition der Struktur zu verwenden, da Sie die in der Struktur verwendeten Variablen definieren, ohne das Schlüsselwort struct zu verwenden.

```
Bücher Buch1, Buch2;
```

Beachten Sie, dass ein typedef-Schlüssel nicht erforderlich ist, um eine Datenstruktur zu definieren. Sie können ihn auch verwenden, um eine reguläre Variable zu definieren.

```
typedef long int *pint32;
pint32 x, y, z;
```

Die obigen Codezeilen zeigen, dass der Compiler auf die Variablen x, y und z zeigt.

Dreizehntes Kapitel

Kommentare und Formatierung

In diesem Kapitel werden wir uns einige Punkte in Bezug auf das Schreiben von Kommentaren und die Formatierung von Code ansehen. Obwohl Ihr Algorithmus die Grundlage des Codes ist, ist es wichtig, jeden wichtigen Schritt des Algorithmus zu beschreiben, wenn Sie den Code schreiben. Nur so wird es für andere einfacher, den Code zu lesen und zu verstehen. Fügen Sie dem Code Kommentare hinzu und legen Sie fest, wie Sie die Kommentare erklären wollen. Als Entwickler müssen Sie den Code regelmäßig lesen und sicherstellen, dass er lesbar und verständlich ist. Halten Sie sich also an die Formatierung und Einrückung Ihres Codes.

Kommentare

Es ist wichtig zu verstehen, wie man Kommentare effektiv schreibt. Die meisten Leute fragen sich, ob sie eine Menge Kommentare hinzufügen sollten, um jede Codezeile zu erklären. Das Problem mit Kommentaren ist, dass man oft vergisst, sie zu aktualisieren. Vielleicht wollen Sie den Code ändern, aber es ist möglich, dass Sie die Kommentare ignorieren. Das würde bedeuten, dass die Kommentare den älteren Code widerspiegeln.

Es ist schwierig, einem Programmierer beizubringen, wie man Kommentare in den Code schreibt. Sobald Sie den Code ändern, müssen Sie auch die Kommentare ändern. Sie sollten nie vergessen, die Kommentare zu aktualisieren, da dies zu Problemen in der Funktionsweise des Codes führen könnte. Betrachten Sie die Kommentare als Dokumentation. Pflegen Sie diese Kommentare, denn nur so können Sie erklären, was Ihr Code tut. Stellen Sie sicher, dass Sie Kommentare hinzufügen, um genau auszudrücken, was im Code passiert.

Merkmale von guten Kommentaren

Einige Kommentare sind nützlich, da sie dem Code einen gewissen Mehrwert verleihen.

Klärung und Intention

Kommentare sind der beste Weg, um Ihre Absicht beim Schreiben des Codes zu erklären. Das bedeutet nicht, dass Sie jede Zeile des Codes mit Kommentaren erläutern sollten. Das sollte Ihr Code selbst tun. Es ist wichtig zu erklären, was Sie mit dem Code bezwecken wollten. In manchen Situationen können Sie die Absicht, die hinter dem Schreiben des Codes steckt, nicht ausdrücken. Aus diesem Grund müssen Sie einige Kommentare hinzufügen, um zu erklären, warum Sie eine bestimmte Aktion durchgeführt haben. Einige Methoden wurden vielleicht verwendet, um Probleme mit externen Bibliotheken zu lösen, oder Sie mussten ungewöhnliche Anforderungen einbeziehen. Es ist wichtig, diese Abschnitte genauer zu erläutern, egal was es ist.

```
// Code zur Überprüfung, ob die
Eingabevariablen gültig sind
function is_valid($vorname, $nachname,
$alter) {
    wenn (
        !ctype_alpha($_POST['first_name'])
OR
        !ctype_alpha($_POST['last_name']) OR
        !ctype_digit($_POST['Alter'])
        ) {
        return false;
    }
    true zurückgeben;
}
switch(Tier) {
    Fall 1:
        cat();
        // fällt durch
    Fall 2:
        dog();
        Pause;
}
```

Informativ und legal

Es ist aus vielen Gründen wichtig, dem Code Kommentare hinzuzufügen. Einige Gesetze verlangen auch, dass Kommentare geschrieben werden, um zu erklären, was jede Zeile des Codes bedeutet. Der Code kann immer unter bestimmten Lizenzbedingungen geschrieben werden. Daher ist es wichtig, den Code zu spezifizieren. In solchen Fällen ist es wichtig, den Code zu spezifizieren. Daher müssen Sie einige Kommentare hinzufügen, um die Funktionsweise des Codes zu erläutern.

Sie können Kommentare verwenden, um auf bestimmte URLs im Dokument zu verweisen, wenn Sie dies benötigen. Dies ist die einzige Möglichkeit zu erklären, wie der Code geschrieben ist. Verwenden Sie nicht mehr als 200 Zeilen Kommentare, um diese Informationen zu erläutern. Einige Kommentare können einen Mehrwert für den Code darstellen, andere nicht. Sie können zum Beispiel Informationen über die Methode und den Wert, der von der Methode zurückgegeben wird, geben. Seien Sie vorsichtig, bevor Sie einen Kommentar einfügen. Sie können die Kommentare bei Bedarf auch entfernen, aber es ist wichtig, dass Sie genau erklären, was der Code tun soll.

Eigenschaften von Bad Comments

Unnötige Kommentare einfügen

Fügen Sie dem Code nur dann Kommentare hinzu, wenn Sie es sollten. Fügen Sie keine Kommentare hinzu, nur weil dies von Ihnen erwartet wird. Dies wirkt sich auf das Aussehen des Codes aus. Wenn Sie Kommentare hinzufügen, ohne dass dies notwendig ist, haben Sie am Ende zu viele unnötige Informationen in Ihrem Code. Möglicherweise haben Sie am Ende viele Kommentare, die für den eigentlichen Code irrelevant sind. Dadurch wird es für Sie schwierig, den Code zu lesen oder gar zu verstehen. Vermeiden Sie also das Hinzufügen unnötiger Kommentare.

Code Erläuterung

Vielleicht haben Sie einen Code, den Sie nur schwer erklären können, und das liegt wahrscheinlich daran, dass Sie den Code nicht verstehen. Das bedeutet aber nicht, dass Sie Kommentare als Lösung für das Problem verwenden sollten. Stellen Sie sicher, dass Sie den Code neu schreiben und die Elemente im Code, wie Funktionen, Variablen, Datenstrukturen und andere Objekte, umbenennen, damit der Leser versteht, welche Aktion Sie durchführen. In den meisten Fällen extrahieren Sie die Methode durch sinnvolle Namen. Diese Namen machen es dem Leser leichter zu verstehen, wie der Code die Methode verwendet.

Redundant

Wenn Sie die Methode oder das Feld genau benennen, brauchen Sie diese Codezeile nicht zu kommentieren. Sie können die Funktion, das Feld oder die Methode mit Kommentaren beschreiben. Sie müssen den Anwendungsbereich der Variablen nicht beschreiben. Methoden mit dem Namen "SendEmail" benötigen zum Beispiel keine zusätzlichen Kommentare. Der Name ist selbsterklärend. Dies gilt insbesondere, wenn die Variable aufgerufen wird. Die Methode wird die E-Mail als Ausgabe senden. Ein weiteres Beispiel kann "storeValueForCurrentOrder" sein. Diese Variable bedeutet, dass der aktuelle Bestellwert in der Variable gespeichert wird. Schreiben Sie keinen Kommentar, um das Gleiche zu erklären. Der Kommentar fügt dem Code keinen Wert hinzu.

Positionsmarkierungen

Sie dürfen keine Positionsmarkierungen im Code verwenden. Sie können nicht ///// in den Code einfügen, nur um einen bestimmten Teil des Codes zu finden.

Zeitschrift

Es ist wichtig, dass Sie dokumentieren, warum Sie bestimmte Abschnitte des Codes ändern. Sie müssen diese Änderungen protokollieren, da dies die einzige Möglichkeit ist, einer anderen Person eine Vorstellung davon zu vermitteln, warum der Code geändert wird. Es ist auch die einzige Möglichkeit für Sie, festzustellen, warum der Code geändert wurde. In einigen Programmiersprachen können Sie die Änderungen am Code verfolgen. Jetzt brauchen Sie keine Kommentare mehr, um Änderungen zu verfolgen, sondern können den Verfolgungsmechanismus in der Sprache aktivieren.

Zwang, Lärm und Irreführung

Leider erklären nicht viele Leute, was sie mit dem Code vorhaben. Nur aus diesem Grund können Sie Kommentare zu unwichtigen Anweisungen hinzufügen. Manche Programmierer fügen Codezeilen hinzu, um zu sagen, dass sie eine Variable ausdrucken oder eine E-Mail versenden. Diese Kommentare sind nutzlos, da sie nicht erklären, was zur Durchführung dieser Operationen getan wurde. Manchmal gibt es Fehler in Ihrem Code, und wenn Sie solche schlechten Kommentare haben, können Sie nicht feststellen, wo das Problem tatsächlich liegt. Sie können den Fehler erst erkennen, wenn Sie den gesamten Code durchlesen, was die Kommentare im Code nutzlos macht.

Hässlicher Code

Häufig werden Kommentare im Code verwendet, wenn der Code schwer zu lesen oder zu verstehen ist, d. h. bei hässlichem Code. Die

Kommentare werden oft verwendet, um die Codezeilen zu verbessern. Machen Sie den Code nicht schön, indem Sie Kommentare hinzufügen. Wenn der Code hässlich ist, refaktorisieren Sie ihn und aktualisieren Sie ihn. Schreiben Sie ihn so, dass Sie leichter erkennen können, was genau im Code geschieht.

Formatierung

Formatierung und Kodierungsstil

Achten Sie darauf, dass Sie beim Schreiben von Code nur einen Formatierungsstil verwenden. Wenn Sie mit einem Team arbeiten, stellen Sie sicher, dass das Team genau weiß, welchen Stil Sie einhalten müssen. Verschwenden Sie keine wertvolle Zeit mit der Formatierung des Codes. Es gibt verschiedene Möglichkeiten, den Code zu formatieren, und Sie finden einige Beispiele in diesem Buch. Auch im Internet gibt es mehrere Formate, an die Sie sich halten können. Ändern Sie niemals die Formatierungsstile, wenn Sie gerade dabei sind, den Code zu schreiben. Wenn Sie mehrere Personen im Team haben, sollten Sie sich darüber im Klaren sein, wie jeder von ihnen den Code und den Text formatieren möchte. So bleiben Sie offen für neuere Kodierungsstandards und können diese akzeptieren. Stellen Sie sicher, dass Sie den Code auch gut schreiben.

Funktionen

Funktionen sind voneinander abhängig, und sie können einige Funktionen oder Werte von anderen Modulen und Funktionen im Code erben. Sie müssen die untergeordneten Funktionen in der übergeordneten Funktion haben. Dies ist nur dann einfacher, wenn

Sie den Code, den Sie geschrieben haben, leicht lesen können. Sie müssen dann nicht mehr durch den Code navigieren, um die untergeordneten Funktionen im Code zu finden.

Vertiefung

Es ist sehr wichtig, den von Ihnen geschriebenen Code einzurücken. Halten Sie sich beim Schreiben von Code an denselben Standard. Tun Sie dies auch, wenn Sie die Regeln brechen müssen. Wenn Sie sich an die Einrückungsregeln halten, wird es für Sie einfacher, die Variablen und andere wichtige Aspekte des Codes zu identifizieren. Mit neuen Tools und IDEs ist es einfach, überall im Code die gleichen Einrückungsstandards zu befolgen.

Code Affinität

Stellen Sie sicher, dass der für denselben Zweck geschriebene Code, einschließlich der Variablen, Funktionen und Objekte, in einem Abschnitt des Codes beibehalten wird. Schreiben Sie den Code nicht so, dass Sie eine Million Mal durch die gesamte Datei blättern müssen, um die gewünschte Funktion zu finden.

Vierzehntes Kapitel

Fehlersuche

Verbringen Sie nicht zu viel Zeit damit, den Code zu debuggen und Probleme darin zu finden. Seien Sie darauf vorbereitet, dass der Code Fehler enthalten kann. Investieren Sie viel Zeit in das Debuggen des Codes. Befolgen Sie die unten aufgeführten Schritte, um sich auf die mühsame Aufgabe vorzubereiten. Dies wird es Ihnen erleichtern, den Code zu beurteilen und die erforderlichen Änderungen vorzunehmen, um sicherzustellen, dass er sich fehlerfrei kompilieren lässt.

Verstehen Sie den Algorithmus und das Design

Es ist wichtig, dass Sie den Algorithmus vollständig verstehen, bevor Sie einen Code schreiben. Andernfalls werden Sie etwas tun, was Sie von vornherein nicht wollten. Sie können das Modul nicht testen, wenn Sie den Entwurf nicht verstehen, da Sie keine Ahnung haben, was das Ziel des Moduls ist. Wenn Sie den Code eines anderen als Referenz verwenden, sollten Sie den Algorithmus, das Design und die Kommentare überprüfen, um das Ziel des Codes zu verstehen. Wenn Sie nicht wissen, wie der Algorithmus funktioniert, können Sie keine effektiven Testfälle entwickeln, und das gilt auch, wenn

Sie Datenstrukturen in Ihrem Code verwenden. Dies bedeutet, dass Sie nicht feststellen können, ob der Algorithmus wie erwartet funktioniert.

Prüfen Sie die Korrektheit des Codes

Verschiedene Methoden können den Code debuggen und feststellen, ob die geschriebenen Informationen korrekt sind und der Compiler ohne Fehler läuft.

Peer Reviews

Am besten ist es, wenn eine andere Person, die sich mit dem Schreiben von Code gut auskennt, den von Ihnen geschriebenen Code bewertet und prüft. Wenn Sie wollen, dass die Überprüfung effektiv ist, müssen Sie sicherstellen, dass der Peer über die erforderlichen Informationen und Kenntnisse verfügt, um den Code zu prüfen. Es ist wichtig, dem Peer den Code mit den Kommentaren zu übergeben, damit er genau weiß, was er im Code zu erwarten hat.

Wenn Sie es dem Gutachter leichter machen wollen, können Sie ihm den Code erklären und ihm sagen, wie der Algorithmus funktioniert. Wenn der Gutachter nicht einverstanden ist oder einige Teile der Implementierung nicht versteht, müssen Sie mit ihm diskutieren, bis Sie beide eine Einigung erzielen. Das Ziel des Peers sollte es sein, die Fehler im Code zu entdecken. Wenn sie richtig erkannt werden, ist es einfacher, sie zu korrigieren.

Sie können diese Probleme selbst erkennen, wenn Sie den Code prüfen. Dennoch ist es nützlich, wenn jemand von außen den Code betrachtet und einige blinde Flecken im Code identifiziert. Peer-

Reviews nehmen Zeit in Anspruch. Stellen Sie daher sicher, dass Sie nur die Codeabschnitte prüfen, die Sie bewerten möchten, und nicht den gesamten Code.

Code-Verfolgung

Sie können Fehler im Code leicht aufspüren, indem Sie die Ausführung der verschiedenen Funktionen und Module im Code verfolgen. Dies ist besonders wichtig, wenn die Funktion oder das Modul in verschiedenen Teilen des Programms aufgerufen wird. Als Programmierer müssen Sie verfolgen, wie die Funktionen und Module arbeiten. Wenn Sie wollen, dass dieser Prozess effektiv ist, sollten Sie die Module und Funktionen verfolgen, indem Sie davon ausgehen, dass andere Funktionen und Prozeduren im Code genau funktionieren. Bei der Nachverfolgung des Codes müssen Sie sich mit verschiedenen Schichten oder Ebenen der Vererbung und Abstraktion befassen. Bedenken Sie, dass Sie durch Tracing nicht alle Fehler finden können. Dieser Prozess verbessert jedoch Ihr Verständnis des verwendeten Algorithmus.

Nachweis der Korrektheit

Der beste Weg, Fehler im Code zu erkennen, ist die Untersuchung des verwendeten Algorithmus und die Anwendung verschiedener Methoden zur Überprüfung der Korrektheit des Algorithmus. Wenn Sie z. B. die Vorbedingungen, Abbruchbedingungen, Invarianten und Nachbedingungen in jeder verwendeten Schleifenanweisung kennen, können Sie einfache Prüfungen im Code durchführen. Stellen Sie die folgenden Fragen, um die Korrektheit des Codes zu überprüfen:

1. Wenn der Compiler in die Schleife eingetreten ist, ohne einen Fehler auszulösen, bedeutet das, dass die verwendete Invariante korrekt ist?

2. Wenn die Anweisungen im Schleifenkörper keinen Fehler auslösen, bedeutet das, dass die Schleife gut funktioniert hat und ohne Fehler beendet wird?

3. Wenn sich die Schleife dem Ende nähert, bedeutet das, dass der Compiler zur Nachbedingung übergeht?

Mit diesen Fragen können Sie zwar nicht feststellen, ob der Code fehlerhaft ist, aber Sie erhalten ein besseres Verständnis für den verwendeten Algorithmus.

Fehler antizipieren

Es ist nicht bedauerlich, Fehler im Code zu haben, denn es besteht die Möglichkeit, dass Sie falsche Zeiger und Variablen im Code verwenden. Man kann auch vergessen, bestimmte Funktionen und Parameter im Code aufzurufen oder zu verwenden. Wir machen auch Fehler, wenn es darum geht, den Code zurückzuverfolgen, und bei Peer Reviews werden möglicherweise nicht alle Fehler im Code entdeckt. Sie müssen auf diese Fehler im Code vorbereitet sein und die Fehlerbehandlungstechniken anwenden, die wir weiter oben in diesem Buch besprochen haben.

Schlussfolgerung

Vielen Dank, dass Sie dieses Buch gekauft haben. Wenn Sie gerade erst mit dem Programmieren begonnen haben, ist es wichtig zu lernen, wie Algorithmen funktionieren und diese Algorithmen zum Schreiben von Code zu verwenden. Dieses Buch enthält alle Informationen, die Sie für die Strukturierung Ihrer Programme benötigen. Das Buch führt Sie in das Konzept der Algorithmen ein und zeigt Ihnen, wie Sie diese zum Schreiben von leistungsfähigem Code verwenden können. Es führt auch in das Konzept der Sortier- und Suchalgorithmen ein.

Nutzen Sie die Informationen und Beispiele in diesem Buch, um Ihr Verständnis von Algorithmen zu verbessern. Üben Sie und lernen Sie, Code so zu schreiben, dass er besser funktioniert als jeder andere Code, den Sie zuvor geschrieben haben.

Ich hoffe, Sie haben die gesuchten Informationen gefunden.

Ressourcen

Vor- und Nachteile von Algorithmus und Flussdiagramm -
  Computersciencementor | Hardware, Software, Networking
  und Programmierung. (n.d.). Computersciencementor.com.
  https://computersciencementor.com/advantages-and-
  disadvantages-of-algorithm-and-flowchart/

Bubble Sort in C | Programming Simplified. (2020).
  Programmingsimplified.com.
  https://www.programmingsimplified.com/c/source-code/c-
  program-bubble-sort

DAA - Space Complexities - Tutorialspoint. (2019).
  Tutorialspoint.com.
  https://www.tutorialspoint.com/design_and_analysis_of_algor
  ithms/design_and_analysis_of_algorithms_space_complexitie
  s.htm

Includehelp. (2017). Includehelp.com.
  https://www.includehelp.com/data-structure-
  tutorial/algorithm-and-its-types.aspx

GeeksforGeeks | Ein Informatikportal für Geeks. (2019).
  GeeksforGeeks. https://www.geeksforgeeks.org/